深刻化する「空き家」問題

全国実態調査からみた現状と対策

日本弁護士連合会法律サービス展開本部自治体等連携センター
日本弁護士連合会公害対策・環境保全委員会 〈編〉

明石書店

はじめに

　近年、全国の空き家は増加の一途で、平成25年においては空き家数が820万戸、空き家率が13.5％となり、5年前に比べると、空き家数は63万戸の上昇となっています。管理がなされずに放置され、周辺環境に衛生上・保安上の問題を生じている空き家の増加が大きな社会問題となっています。しかも、今後、この問題はさらに深刻化することが予想されています。

　この問題に対処するために、多くの地方公共団体における空き家対策条例の制定とともに、2015（平成27）年5月には「空家等対策の推進に関する特別措置法」が完全施行されました。しかし、実際の現場では、様々な課題も指摘されています。また、より根本的な対策の必要性も言われています。

　空き家問題は、住民の生活環境に悪影響を与えるとともに、都市の景観破壊にもつながる環境問題ですが、最近は、人口減少社会における、街づくりのあり方の問題としても重大な問題として捉えられるようになってきました。

　また、空き家に関連する諸課題は、自治体とともに、弁護士などの士業との連携が重要であると指摘されており、各地で積極的な取り組みがされるようになってきました。

　このような状況を踏まえ、日弁連では、自治体の空き家対策の実態を明らかにするため、全国のすべての市町村を対象とした実態調査を実施したところです。

　本書は、空き家問題の第一人者である上智大学の北村喜宣教授の「空き家対策における法的諸課題」の論稿、空き家再生では全国一と言っても過言で

はない実績を上げている NPO 法人尾道空き家再生プロジェクトの空き家の利活用の取り組みの紹介、日弁連の全国実態調査の分析結果とともに、2017（平成29）年5月に、日弁連主催で実施した「空き家対策シンポジウム」でのパネルディスカッションも掲載しています。パネルディスカッションでは、北村教授のほか、民事法学者の札幌学院大学の田處博之教授に、弁護士も加わって、幅広い視点からの議論がされました。

　空き家問題は、日本の都市政策や住宅政策に起因する制度の問題など、様々な原因が絡み合っており、日本の制度のあり方について、より深い見直しが必要ではないかとも考えています。本書が、空き家問題について様々な角度から考察し、今後の自治体の取り組みの方向性を考える一助となれば幸いです。

　2018 年 1 月

日本弁護士連合会

法律サービス展開本部自治体等連携センター

センター長　鈴木　克昌

公害対策・環境保全委員会　委員長　青木　秀樹

目　次

はじめに……………………………………………………………………2

第 1 章　空き家対策における法的諸課題

………………………………………北村 喜宣　9

1. 空き家の実情と自治体空き家行政の展開　10

（1）激増した空き家条例　10

（2）空き家条例の内容　10

（3）認識されていた「課題」　11

2. 空家法の成立　12

（1）すべての市町村に事務を義務づけ　12

（2）本来されるべき法律対応　12

（3）空家法の実施と条例　13

3. 空家法の実施と条例　13

（1）空家法の実施状況　13

（2）空家法と空き家条例　14

4. 空家法を地域特定適合化する条例　15

（1）4つの機能　15

（2）空家法対象外に関する条例　16

（3）空家法対象に関する条例　19

5. 空き家条例の適法性　23

（1）判断枠組み　23

（2）違法性判断　24

6. 空家法制の今後の展開　25

第2章 報告 尾道での空き家利活用の教訓
──空き家再生プロジェクトの10年間
渡邉 義孝 27

1. 観光地としての尾道 28
2. 景観の「脇役」にも光を 29
3. ひとりの女性の決断から 30
4. ガウディハウスをどう残すか 33
5. 第2号物件「北村洋品店」はオフィスとして 36
6. 「あなごのねどこ」──商店街で宿を作る 37
7. 「三軒家アパートメント」──サブリースの手法 39
8. 山の上のゲストハウス──みはらし亭の復活 39
9. 空き家バンクは「愛」が大切 42
10. 坂暮らしの厳しさを伝える 45
11. 「空き家は宝だ」という意識を 46

第3章 自治体は空き家問題を どうとらえているか
──「空家法」施行1年後の全国実態調査からみえるもの
伊藤 義文 49

1. アンケートの趣旨 50
2. 回答団体の概要 50
　（1）回答団体の内訳 50
　（2）地域別の回答状況 51
　（3）特定行政庁又は限定特定行政庁の占める割合 52

3. 自治体による空き家条例の制定状況等　52

（1）空き家条例の制定状況と特徴　52

（2）自治体が独自条例を制定しなかった理由　54

4. 空き家の発生原因　55

5. まちづくりと空き家対策　56

6. 空き家対策の所管部署及び組織体制　57

（1）老朽家屋の除却等を所管する部署について　57

（2）空き家の利活用を扱う部署について　58

（3）老朽家屋対策所管部署の専任・兼任の別及び人数　59

（4）利活用所管部署の専任・兼任の別及び人数　61

（5）家屋法所管部署とまちづくり施策担当部署との連携状況　62

7. 特定空家に関する自治体独自のガイドライン　64

（1）独自ガイドラインの策定状況　64

（2）独自ガイドラインの策定に積極的である自治体の問題意識　66

（3）ガイドラインの有用性　66

8. 空家法の施行状況について　68

（1）空家等の認定状況　68

（2）所有者認定にあたっての登記簿情報以外の情報利用　71

（3）所有者等認定にあたっての他団体への照会実績等　72

（4）特定空家の認定状況　73

（5）空家法 14 条 1 項に基づく助言・指導の実績等　75

（6）勧告（空家法 14 条 2 項）について　76

（7）命令（空家法 14 条 3 項）について　81

（8）代執行，即時執行について　82

（9）空家等対策計画（空家法 6 条）について　85

（10）協議会について　86

9. 空家法の有用性について　88

10. 空家法の必要性 91

11. 空き家対策に関する支援・連携について 92

（1）国に期待する支援の内容 92

（2）都道府県に期待する支援の内容 93

（3）弁護士又は弁護士会の関与が期待される分野 94

（4）まちづくりに関する活動への第三セクターの関与 94

（5）空き家問題を取り扱っている組織に対する知見 95

（6）自治会との連携 95

（7）外部組織等との連携 96

12. 総 括 97

（1）自治体の空き家対策の現状 97

（2）空家法の有用性について 97

（3）まちづくりの観点からの空き家対策について 98

（4）弁護士あるいは弁護士会の関与の有用性 99

第4章 パネルディスカッション
空き家の解消のために、いま必要な取り組みは何か 101

パネリスト 小島 延夫 伊藤 義文 北村 喜宣 田處 博之

コーディネイター 幸田 雅治

1. 空き家の適正管理をどうしていくべきか 103

自治体ごとに空き家対策条例の制定を 103

空き家対策の保護法益 104

空き家所有者の探索と相続財産管理人制度 107

相続を放棄し、誰も管理しないケースも 114

住民票・戸籍の附票保存年限を長期にできないか 116

国庫に帰属させる手続きを定めるべき　118

空家特措法のガイドライン　119

2. 空き家の利活用をどう進めていくか　122

空き家を利活用する上での諸課題　122

中古住宅の流通上の課題　125

空き家を地域の資源に　127

3. 住宅政策、都市計画の観点から　129

増え続ける新築物件、その原因は？　129

新築賃貸住宅の優遇措置の見直しを　131

千葉の現状　134

空き家問題と都市計画　135

4. 今後の空き家対策の政策の方向性　137

住宅供給過剰から抑制への転換を　137

魅力ある町づくりも重要　140

今後は空きマンションも大きな社会問題に　141

資　料　146

付録　「空家法」施行1年後の
　　　　全国実態調査　集計結果　155

第1章
空き家対策における法的諸課題

北村　喜宣
（上智大学法学部教授）

1. 空き家の実情と自治体空き家行政の展開

（1）激増した空き家条例

　総務省『住宅・土地統計調査』の最新版は、2013年実施のものである。それによると、「空き家率」は13.5％となっている。激増というわけではないが、この数字は、一貫して右肩上がりに伸び続けている。国においては、2006年制定の住生活基本法のなかで、住宅の供給にあたっては、「我が国における近年の急速な少子高齢化の進展、生活様式の多様化その他の社会経済情勢の変化に的確に対応しつつ、住宅の需要及び供給に関する長期見通しに即し」（3条）、住生活の安定確保・向上の促進にあたっては、「既存の住宅の有効利用を図りつつ」（5条）行うとされてはいたが、新築住宅戸数が伸びるのとパラレルに空き家数も増える結果となっていた。

　これら「2つの右肩上がり」に加えることができる「もうひとつの右肩上がり」がある。それは、空き家条例の制定件数である。1962（昭和37）年からの統計として国土交通省がまとめた資料をみると、366条例のうち、実に81％の制定が、2012（平成24）〜2014（平成26）年の3年間に集中している。こちらは激増といってよい。

　増加する空き家のなかには、老朽化が激しく、倒壊や建材崩落のおそれがあり保安上の危険があるものや、管理状態が悪いために見苦しい外観を呈し、地元コミュニティに多大な迷惑をかけているものが少なからずある。苦情は、市町村の行政窓口に寄せられる。こうした事案への対応内容次第では、法律の根拠が必要となる。そこで、市町村は、自治体の法律、すなわち、条例を制定して、住民の声に応えようとしたのである。

（2）空き家条例の内容

　この時期の空き家条例は、独立条例である。市町村は、地域の実情を踏まえて、いわば「身の丈」にあった対応を条例で規定していたのである。その内容は、一般的には、①適正管理の義務づけ、②不適管理空き家に対する個

別の行政指導、③行政指導が奏功しなかったときに個別の勧告、④勧告が従われなかったときに個別の命令、である。命令が従われず放置することが著しく公益に反するときに行政代執行法にもとづく代執行ができる旨を確認的に規定するものもあった。そのほかに、緊急の対応が必要な場合に必要最小限の措置を可能にする即時執行規定、相手の同意を前提に除却までをする安全代行措置規定といった、市町村ならではの措置を規定する条例もあった。

（3）認識されていた「課題」

　条例の制定が拡大する一方で、これを実施する過程でいくつかの「課題」も認識されていた。第1は、代執行は命令が前提となるため、受命者不明事案においては対応のしようがないことである。国の法律においては、そうした場合に行政に措置の権限を与える略式代執行が規定される例があるが、これは法律に規定があってはじめて可能になると解する自治体行政が多かった。

　第2は、所有者探しの際の情報である。不動産であるから登記簿を参照すればよいのであるが、とりわけ家屋の場合、登記がされていない例が少なからずある。また、されていても、死亡により発生する相続の結果が反映されていない例が少なからずある。そうであっても、戸籍や住民票を通じた調査は可能であるが、必ず判明するとはいえない。この点で、万能ではないけれども、固定資産税情報が有用な場合がある。住所・氏名・連絡先など当該家屋に関する納税関係者の情報が掲載されているからである。ところが、地方税法22条は、税務吏員に対して、一般の地方公務員のそれに加重して守秘義務を課しているため、「一切の情報は提供できない」という運用をする税務部署が多かった。

　第3は、所有者に除却を躊躇させる経済的要因である。住宅が建っている土地については、固定資産税等に関する住宅用地特例が適用される。200㎡以下の土地の場合、税額が6分の1となる。この措置は、住宅が存在してはじめて適用されるため、除却してしまえば税額があがってしまう。そこで、周辺に迷惑をかけていることは了解しつつも、除却をせずに放置する判断をする所有者が多かったといわれる。

第1の課題については、条例で略式代執行は可能と考えて実際に規定する市町村もあった。第2の課題については、住所・氏名・連絡先は守秘義務の対象外と解して実際にそのように運用する市町村もあった。第3の課題については、そもそも特例措置の適用を継続することが不適切と考えて、居住できないような家屋については特例措置を適用除外し固定資産税等の額をあげていた市町村もあった。しかし、全体としてみれば少数であり、これらの点が「課題」と認識されていたのである。

2. 空家法の成立

（1）すべての市町村に事務を義務づけ

　こうした状況を踏まえ、自由民主党空き家対策議員連盟が中心となり、新規立法の制定に向けて動き出した。東京都の23特別区を含む1,741の市町村のうち400にしか条例はなかったのであるが、同連盟は、空き家対応が一刻を争う国家的課題と考えて立法活動を進め、その結果、全国の市町村に事務を義務づける法律を制定した。2014（平成26）年11月19日に成立した「空家等対策の推進に関する特別措置法」（空家法）である。

　空き家条例を制定していなかった市町村も、その必要があれば制定は可能であった。非制定は、「不要」という意思表示なのである。空き家施策は、地域色の強いものであり、まさに、地方自治法1条の2第2項がいうように「住民に身近な行政」である。国に押しつけられるような事務ではない。法律を制定するとしても、その実施の決定は市町村の任意とするのが適切であった。

（2）本来されるべき法律対応

　制定された空家法は、「条例をカンニングしてつくった条例並みの法律」である。空き家施策に関して法律対応をするのであれば、真に法律でしかできないような事項を規定するのが国の役割であろう。それが自治体空き家施策の推進に資するのであれば、市町村から大いに感謝されるはずである。

　どのようなものが考えられるだろうか。たとえば、利害関係がない場合に、

市町村長が検察官に対して財産管理人選任を家庭裁判所に申し立ててもらう手続の明確化、無主不動産の国庫帰属の手続を明確化する仕組み、遺産分割に関する略式の手続、固定資産税等に関するいわゆる死亡者課税や課税留保といった運用の扱い、といったものである。

（3）空家法の実施と条例

ところが、こうした対応が規定されることなく、空家法は、2015（平成27）年5月26日に全面施行された。自治体は、この法律をどのように受け止めるべきだろうか。これをそのまま使うしかないと考えるか、そうではなく、地域的な修正、すなわち、市町村の事情に応じてカスタマイズできると考えるか。現在のところ、1,741の市町村の大半は条例を制定していないから、「空家法をそのまま使う」状態にある。

しかし、徐々にではあるが、空家法の施行にあたって、地域的課題に対応するために必要な措置や手続を条例に規定する例が増加している。2017（平成29）年12月現在で、230余りある。その内容は、新規制定、既存条例の全部改正ないし一部改正である。長期的にみれば、こうした傾向はますます顕著になるように思われる。

3. 空家法の実施と条例

（1）空家法の実施状況

空家法の実施状況については、国土交通省が2017（平成29）年10月1日現在の状況を取りまとめている。表1を参照されたい。

行政法学を専攻する筆者にとって大きな驚きは、代執行・略式代執行の件数の多さである。行政法のテキストには、「代執行制度はほとんど用いられず機能不全に陥っている」という趣旨の記述が一般的だからである。法律の施行から2年半しか経過していないにもかかわらず、60件もの代執行（通常代執行13、略式代執行47）が実施されたというのは、前代未聞の出来事である。これをみるかぎりでは、空家法は積極的に使われているという評価をするの

第1章　空き家対策における法的諸課題　13

表1　空家法の実施状況（2017年10月1日現在）

	2015年度		2016年度		2017年度		合計	
	市区町村数	措置件数	市区町村数	措置件数	市区町村数	措置件数	市区町村数	措置件数
助言・指導	167	2,890	221	3,515	199	2,150	374	8,555
勧告	25	57	74	210	59	150	136	417
命令	3	4	27	19	12	13	28	36
代執行	1	1	10	10	2	2	13	13
略式代執行	8	8	23	27	12	12	38	47

［出典］国土交通省資料

が適切であろう。

（2）空家法と空き家条例

　条例を制定していない市町村は、空家法のみが空き家施策実施の武器であるが、条例を制定している市町村にとっては、まさに「両刀遣い」である。こうした市町村は、空家法との関係で、空き家条例をどのように位置づけているのだろうか。筆者のヒアリング調査と条例の分析にもとづいて、整理してみよう。

　これには、いくつかのパターンがある。第1は、事実上、空家法を「封印」して、条例だけを用いるものである。空家法は自分たちには「難しく」、また、それを適用しないと対応できないような現状でもないために、とりあえずは「身の丈」にあった条例を制定してそれを適用するというのである。第2は、独自に制定した条例を先行的に適用し、事態が改善されない場合にはじめて空家法を適用するものである。「条例にもとづく指導に従わないと法律のお世話になってしまう」というように、空家法を交渉の道具に使っている。第3は、住民に対して空家法をアピールするだけのために条例を制定するものである。条例の適用は考えられていない。第4は、空家法と空き家条例を同時並行的あるいは融合的に適用するものである。

　第4のパターンの場合、条例の内容によって、いくつかのバラエティがある。建築物等の状態が、空家法の対象となる状態にない場合にまで対応の射程を拡げる（時間的に前に倒す）もの、空家法の対象とならない建築物等にま

で対応の射程を拡げる（対象範囲横に出す）もの、空家法の対象となる建築物等に関して空家法の規定内容を補正・補完するもの、である。以下では、第4のパターンの条例について議論する。

4. 空家法を地域特定適合化する条例

（1）4つの機能

ひとつの条例には、いくつかの機能を持つ仕組みが規定されている。それに着目して230あまりの条例を整理すると、空家法との関係では、①空家法対象外に関する規制（独立的適用）、②空家法対象に関する規制（融合的適用）に分けられる。

①については、(1) いずれは空家法の対象になるかもしれないが現段階の状態ではそうではないものに関する規制（時間的前置条例）、(2) 空家法の対象にはなりえないものに関する規制に分けられる（対象追加条例）。対象は異なるために、空家法からは独立して作用するものである。

②については、(1) 空家法の規定を地域特性適合的にする規制（確定、確認、詳細化、上書き）（空家法実施条例）、(2) 空家法が規定していない事項に関する規制（追加〈手続、措置〉）（空家法実施条例）に分けられる。これらは、いわば空家法の一部となり、空家法と融合的に作用する。整理をすると、表2のようになる。

表2　空き家条例の機能のいろいろ

①空家法対象外に関する規制（独立条例）
(1) 時間的前置条例：状態が空家等には該当しないものに前もって対応する（前倒し）
(2) 対象追加条例：空家等にはなりえないものに対応する（横出し）
②空家法対象に関する規制（融合条例）
(1) 法律実施条例（確定、確認、詳細化、上書き）：空家法の規定を補正する（補正）
(2) 法律実施条例（追加〈手続、措置〉）：空家法の規定を補完する（補完）

さらに、そのイメージを図示すると、図1のようになる。モデルとしては、これらの機能のすべてを有するのが、「総合的空き家条例」である。以下、

図1　空家法と空き家条例の関係

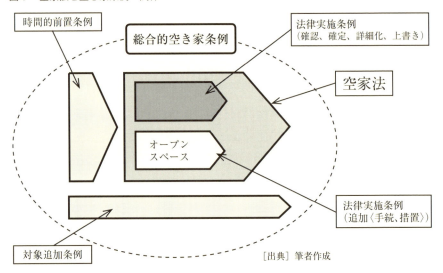

[出典] 筆者作成

　それぞれの機能をみておこう。
　中央の大きなホームベース型をしているのが空家法である。条例を制定しない市町村の場合には、基本的には、同法のみを用いての空き家行政となる。

（2）空家法対象外に関する条例
（a）時間的前置条例
（ア）意義

　空家法2条1項は、同法が対象とする「空家等」を、「建築物又はこれに附属する工作物であって居住その他の使用がなされていないことが常態であるもの及びその敷地（立木その他の土地に定着する物を含む）をいう。ただし、国又は地方公共団体が所有し、又は管理するものを除く」と定義する。不使用常態性が要件となっている。これについては、同法5条1項にもとづき策定された「空家等に関する施策を総合的かつ計画的に実施するための基本的な指針」（平成27年総務省・国土交通省告示1号）が、「建築物等が長期間にわたって使用されていない状態をいい、例えば概ね年間を通して建築物等の使用実

績がないことは1つの基準となる」と記述している。これは、先行する空き家条例の運用実務に学んだものである。このため、たとえば、管理状態は劣悪で保安上の危険や生活環境支障を発生させているけれども、年間数回の利用はされている家屋は、空家法の対象にはならない。

　しかし、そうした家屋であっても、空家法1条に規定される目的である「適切な管理が行われていない空家等が防災、衛生、景観等の地域住民の生活環境に深刻な影響を及ぼしていることに鑑み、地域住民の生命、身体又は財産を保護するとともに、その生活環境の保全を図り、あわせて空家等の活用を促進する」という観点からは、市町村として放置するのは適切ではない。時間的にみれば、空家等となる前の段階の建築物に対する条例である。

　空家等でなくても、それが建築物である場合には、建築時期および管理状況次第では、特定行政庁は、建築基準法10条3項にもとづく措置命令を発出することは可能である。しかし、空家法以前に空き家条例が必要とされた理由の1つは、この権限の行使に特定行政庁は極めて消極的であったからである。「やる気がない」ことが立法事実を構成するという興味深い事例である。

（イ）実例

　「京都市空き家の活用、適正管理等に関する条例」2条1号は、「空き家等」について、「本市の区域内に存する建築物（長屋及び共同住宅にあっては、これらの住戸）又はこれに付属する工作物で、現に人が居住せず、若しくは使用していない状態又はこれらに準じる状態にあるもの……及びその敷地（立木その他の土地に定着する物を含む……）をいう。……」（下線筆者）と定義する。下線部が何を意味するかは、必ずしも明らかではないが、利用はされているがその頻度が極めて少ない状態を含むと解しうる。不使用常態性を緩和することで、行政対応のタイミングを前倒しできるのである。「建築物又はこれに附属する工作物であって居住その他の使用がなされていないことが常態であるものに準じる状態であるものとして規則で定めるもの及びその敷地（立木その他の土地に定着する物を含む）……」（下線筆者）と規定する「神戸市空家空地対策の推進に関する条例」2条2項の「類似空家等」も、下線部にある

第1章　空き家対策における法的諸課題　17

ように、京都市条例と同じ発想であろう。

　名称からもわかるように、「熊本市老朽家屋等の適正管理に関する条例」2
条2号は、空家法の空家等以外の家屋を空家外家屋としている。そのなかに
は、上記状況にある家屋等も含まれる。同じく、「高岡市老朽空き家等の適
正な管理に関する条例」2条2号も、「空き家等」を「市内に存する建築物
その他の工作物であって、現に使用されていないもの又はこれに類する状態
にあるもの及びその敷地をいう。」（下線筆者）と定義する。下線部は、おそ
らくは時間的にまだ空家法の対象とはなっていない建築物を意味するのであ
ろう。

（b）対象追加条例
（ア）意義
　空家法の対象外とされてはいるが、対応の必要性が市町村に認識されてい
るのが、長屋の住戸部分である。国土交通省は、長屋を構成するすべての住
戸部分が不使用常態の状態になってはじめて全体を空家等と解しうるとして
いる。

　しかし、歴史的に長屋建築が多く、住民からの空き家苦情の相当な部分が
管理不全状態にある住戸部分に関するものとなっている市町村では、空家法
の対象外であるからといってこれに対応しないわけにはいかない。空家法が
対応の中心とするのは、同法2条2項の特定空家等である。これは、「その
まま放置すれば倒壊等著しく保安上危険となるおそれのある状態又は著しく
衛生上有害となるおそれのある状態、適切な管理が行われていないことによ
り著しく景観を損なっている状態その他周辺の生活環境の保全を図るために
放置することが不適切である状態にあると認められる」ものであるが、そう
した状態にある長屋の住戸部分は、現実には存在する。

　対象追加条例は、独立条例である。したがって、追加された対象に対する
措置については、条例で規定しなければならない。いわゆるフル装備条例が
必要になる。

（イ）実例

　京都市条例は、「空き家等」の対象に、長屋・共同住宅の非居住不使用の住戸部分を含める（2条1号）。そして、空き家等が管理不全状態になったものを「特定空き家等」とし（2条2号）、空家法の規定を適宜準用している。おそらく、空家法の立法者が想定していなかった対応であろう。「多久市空家等の適切な管理に関する条例」2条1号は、「空家等」を、「法第2条第1項に規定する空家等並びに一棟の建物を区分しそれぞれ独立した住戸としたもので、その一部住戸が居住その他の使用がなされないことが常態であるもの及びその敷地をいう。」と規定する。「名張市空家等対策の推進に関する条例」2条1号は、「空家等」の定義において、「建築物（長屋及び共同住宅にあっては、これらの住戸）」と表現する。国土交通省の調査によれば、2017（平成29）年3月31日時点で、「一部に居住実態がある長屋・共同住宅を対象とする条例」は、47市2町村において制定されている。

　本来、何を措置対象と考えるのかについては、法律では基本的なもののみを規定し、それ以外は条例に委ねればよかった。法律の硬直性は批判されるべきである。

（3）空家法対象に関する条例

（a）法律実施条例（確認、確定、詳細化、上書き）

（ア）意義

　空家法にもとづく市町村の事務は、自治事務である。自治事務については、地方自治法2条13項が、「国は、地方公共団体が地域の特性に応じて当該事務を処理することができるよう特に配慮しなければならない。」と規定している。これは、憲法92条にいう「地方自治の本旨」の具体的内容であり、憲法の命令と解される。条例規定を明記するというような積極的対応を空家法はしていないが、地域特性適合措置を自治体が条例で規定することは否定できない。法定事務が空き家対策のような住民に身近な事務である点は、適合措置の可能性を一層拡大する。

　現実になされている対応は、多様である。以下では、①空家法が「市町村

長」という主語のもとの規定している条文を「市長」という主語のもとで確認的に規定する対応（確認）、②空家法が任意としている事務（空家等対策計画の策定〈6条〉、協議会の設置〈7条〉）についてそれをするという決定（確定）、③空家法の条文をより具体的な内容にする（詳細化）、④空家法よりも厳しい内容にする（上書き）、という対応を紹介する。

（イ）実例

　確認の例としては、「明石市空家等の適正な管理に関する条例」7条1項がある。同項は、「市長は、法第14条第1項の規定により、特定空家等の所有者等に対し、当該特定空家等に関し、除却、修繕、立木竹の伐採その他周辺の生活環境の保全を図るために必要な措置（そのまま放置すれば倒壊等著しく保安上危険となるおそれのある状態又は著しく衛生上有害となるおそれのある状態にない特定空家等については、建築物の除却を除く。……）をとるよう助言又は指導をすることができる。」と規定する。これは、空家法14条1項と同じ規定ぶりであり、まさに「コピー＆ペースト」をしたものである。法律規定を条例に落として、条例を基本にして空き家行政を展開するという姿勢が感じられる。

　確定の例は多い。たとえば、「旭川市空家等及び空地の適切な管理に関する条例」は、5条において「市長は、空家等に関する対策を総合的かつ計画的に実施するため、法第6条第1項の規定に基づき、旭川市空家等対策計画を策定するものとする。」、6条1項において「法第7条第1項の規定に基づき、旭川市空家等対策協議会（以下「協議会」という。）を置く。」とそれぞれ規定する。こうした事項は、長が議会答弁により表明してもよいのであろうが、長が代わっても不変の方針として、条例で規定するのが適切である。

　詳細化の例として、北上市空家等対策条例15条1項は、特定空家等の詳細な認定基準を規定している。また、「岡山市空家等の適切な管理の促進に関する条例」10条1項は、市長に対して詳細基準の策定を義務づけている。命令に関しては、明石市条例10条は、「市長は、次の各号に掲げる事由のいずれかがあると認める場合には、法第14条第3項の規定に基づく命令を行うものとする。」として、同条1〜3号の状態になれば、空家法14条3項で

は効果裁量が与えられている命令について、これを羈束的としている。

　上書きの典型例は、空家等の適正管理について、これを努力義務にとどめている空家法3条に対して、「……ねばならない」というように、法的義務として規定するものである。さらに、京都市条例17条1項は、助言・指導と勧告を経なければ命令ができないようになっている空家法について、「市長は、特定空き家等が著しい管理不全状態にあるときは、当該特定空き家等の所有者等に対し、相当の猶予期限を付けて、当該管理不全状態を解消するために必要な措置を採ることを命じることができる。」と規定しているのである。現に著しい管理不全状態になっていて迅速な対応が求められる緊急時には、助言・指導および勧告を介在させずにいきなり命令ができるとする。国土交通省は、いかなる場合にもこれらを前置させるべきという不合理な硬直的解釈を表明しているが、京都市は、それは誤った解釈であるという判断のもとに、限定的場合における上書き措置を講じたのである。

（b）法律実施条例（追加〈手続、措置〉）
（ア）意義
　前掲の図1の空家法部分のなかには、「オープンスペース」と記された空白部分がある。これは、筆者独自の法律理解である。すなわち、自治体の事務を規定する法律は、自治体が地域特性適合的対応を講じることができる余地を残しておかなければならないから、当該法律には、「国が決めきれない部分」、すなわち、法律目的の実現のために自治体が独自対応できる部分が必然的に存在すると考えるのである。その大きさは、法律によって多様であるが、傾向として、法定受託事務には少なく自治事務には広いといえる。オープンスペース部分は、空家法を地域特性適合的に運用するための可能性を提供する領域である。制定されている空き家条例を概観すると、手続に関するものと措置に関するものに分けられる。

　この部分について、特段の措置を規定しないのであれば、そして、上述の確認、確定、詳細化、上書きの措置を講じないのであれば、空家法の規定内容が市町村の権限行使の根拠となる。

第1章　空き家対策における法的諸課題　21

（イ）実例

①手続

　手続に関する例としては、特定空家等の認定にあたっての手続がある。多くみられるのは、認定判断をする際に、附属機関として設置した第三者機関ないし空家法7条にもとづく協議会の審議を経ることを求めるものである。そのほか、空家法14条2項勧告がされたまま1月1日を迎えると固定資産税等の住宅用地特例が羈束的に適用除外されることに着目して、同勧告に処分性を認め、行政手続法13条1項2号にもとづき弁明機会の付与をする旨を規定する条例もある。神戸市条例12条1項は、「市長は、法第14条第2項の勧告を行おうとするときは、あらかじめ、当該勧告に係る者に意見を述べる機会を与えなければならない。」と規定する。それが処分であれば、こうした規定にかかわらず弁明機会の付与をしなければならないため、この規定は確認規定といえる。

②措置

　措置の例は、多様である。2つを紹介する。空家等のなかでも特定空家等に近い状態にあるものについては、特定空家等に対するのと同様の行政指導をするのが適切であるが、空家法には特段の規定はない。そこで、こうした「空家等以上、特定空家等未満」に対して、対応の根拠を条例で規定する例がある。「飯田市空家等の適正な管理及び活用に関する条例」は、こうした対象を「準特定空家等」というカテゴリーでとらえ、必要な行政指導ができる旨を規定している。

　空き家条例の標準装備は、即時執行である。「応急措置」「緊急措置」「緊急安全措置」「緊急代行措置」「応急危険回避措置」「応急的危険回避措置」「即時の措置」など名称は多様である。「市民の生命、身体又は財産へ危害が及ぶことを防止するために緊急の必要があると認めるときは、その危害の防止のために必要最小限の措置をとることができる」という規定ぶりが標準的である。これを規定しない条例においては、特定空家等の所有者等の同意を事前に取得しておいて、必要時に対応をする旨が規定されることが多い。国土

交通省の調査によれば、2017（平成29）年3月31日時点で、こうした規定を持つ条例が、297市町村において制定されている。

5. 空き家条例の適法性

(1) 判断枠組み

　制定が進む空き家条例であるが、空家法との関係でその適法性が争われた事例はない。図1のなかで、時間的前置条例と対象追加条例は、それぞれ空家法とは独立している。一方、法律実施条例は、空家法と融合的に作用する。このように、条例としての法的性質が異なっているため、適法性判断基準も異なるものと思われる。

　前者については、最高裁判例となっている徳島市公安条例事件最高裁大法廷判決（昭和50年9月10日刑集29巻8号489頁）の判断枠組みが適用される。それは、図2のように整理できる。本件では、公安条例と道路交通法の関係

図2　徳島市公安条例事件最高裁判決の判断枠組み

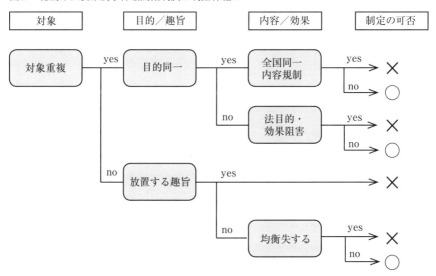

［出典］北村喜宣＋礒崎初仁＋山口道昭（編著）『政策法務研修テキスト〔第2版〕』（第一法規、2005年）15頁

第1章　空き家対策における法的諸課題　│　23

図3 法律実施条例の適法性判断枠組み

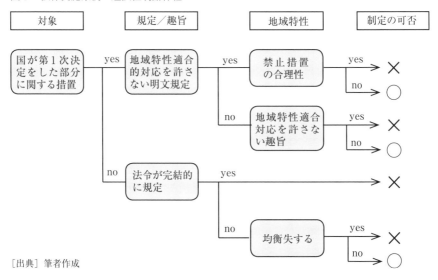

[出典] 筆者作成

が問題になった。公安条例は、道路交通法とは独立して作用する点で、時間的前置条例と対象追加条例と同じである。

後者については、最高裁判例はない。学説としても、確定した判断枠組みはない状況にある。そこで、最高裁判例を参考に筆者が試論的に提示している枠組みを用いて検討してみたい。図3にみる通りである。

(2) 違法性判断

時間的前置条例および対象追加条例については、空家法と対象は重複していない。そこで問題になるのは、そうしたものについて、空家法がおよそ法的規制をすることなく放置する趣旨と考えているかである。

この点については、空家法以前に制定されていた条例がこれらを対象にした規制をしていたこと、空家法の対象以外の空き家についても保安上の危険や生活環境保全上の支障があること、空き家対策という住民に身近な事務を担当する市町村がこれらに対応できないとする合理的理由がないことなどから、この点は消極に解される。そうなると、均衡が問題なるが、空家法の規

制内容を超えない内容（小なりイコール〈≦〉）であれば問題はない。したがって、図2でいえば、一番下の「○」に該当する。

　法律実施条例についてはどうだろうか。空家法の規定内容を補正する条例は、第1次決定をした部分についての措置である。問題になるのは、空家法に別異の対応を許さない明文規定があるかであるが、そうしたものは存在しない。次に問題になるのは、規定の欠缺が地域特性適合的措置を許さない趣旨かである。この点については、国の役割として全国一律適用がされるべきと解される部分については、条例は制定できない。しかし、実際に制定されている条例の内容は、そうしたものではない。したがって、図3でいえば、上から4番目の「○」となる。

　補完条例については、規制内容を空家法が完結的に規定したといえるかが問題になる。この点については、筆者のオープンスペース論によれば、自治事務を規定する空家法はそうしたものではない。そうすると、空家法の制度趣旨の観点から具体的な措置が、比例原則に反するようなバランスを欠いたものであるかどうかが問題となる。これは個別の手続や措置の内容による。

6. 空家法制の今後の展開

　400ほどの条例が先行していた状況のなかで空家法は制定された。そうであるならば、全国一律の内容の事務を市町村に押しつけるような形ではなく、事務の実施を選択制にするなり、制定されていた先行条例を生かすような配慮をした制度設計であるべきであった。空家法には、憲法92条、地方自治法1条の2第2項、同法2条11項・13項が立法者に求める分権配慮が、まったくみられない。そうしたなかで、本稿で紹介した条例は、空家法を地域特性適合的にするべく工夫を凝らしている。まさに、憲法のもとで分権適合的な解釈を踏まえたものである。こうした傾向は、より広い範囲で継続するだろう。

　空家法のなかでは、「市町村長」という文言が19ヵ所で用いられている。それを自分の自治体の長（例：世田谷区長）に代置してみると、なぜわが自治

第1章　空き家対策における法的諸課題　25

体の事務なのに、全国一律的内容でなければならないのかが疑問に感じられるだろう。空家法を使いこなした自治体空き家行政の展開が必要である。

そうした取組みや空家法の運用実績は、同法の改正に影響を与える。空家法附則2項によれば、施行後5年経過した時点で見直しをすることになっている。それは、2020年である。そのスケジュールによるならば、2021年の通常国会に一部改正法案が（おそらくは、議員提案で）出されるのであろう。あるいは、もっと早いかもしれない。運用を通じては、長屋・共同住宅の住戸部分への対応、即時執行や緊急代執行、略式代執行及び即時執行の費用徴収、市町村長への財産管理人選任申立権の付与、借地上の特定空家等が略式代執行されたために発生する土地所有者のタナボタ利益の回収、代執行の際の特定空家等内残遺物の取扱いなど、具体的改正内容も認識されつつある。

空家法は、不適正管理されている不動産に対して、これを私事ととらえずに、一定の場合に公的関与をすると決断した。その後に議論が活発化している所有者把握困難土地への対応問題や管理状態劣悪マンションへの対応問題などをみるにつけ、同法の制定は、「パンドラの箱」を開けたような効果をもたらしているように感じる。「パンドラの箱」の場合、開かれた箱のなかに最後に残されるのは「希望」だそうである。対応先送りがされることなく議論が開始されたことそれ自体が、将来に向けての希望であると受け止めたい。

第2章

報告 尾道での空き家利活用の教訓

──空き家再生プロジェクトの10年間

渡邉　義孝
（NPO法人尾道空き家再生プロジェクト理事）

1. 観光地としての尾道

　私が所属する認定ＮＰＯ尾道空き家再生プロジェクト（以下、空きＰ）は、活動開始から10年を迎える。

　広島県東部に位置する尾道市は人口約14万人、合併により内陸部や島嶼も市域に含まれたが、われわれ空きＰが活動しているのは、旧市街とよばれる尾道駅近くの中心部である。尾道水道と呼ばれる狭隘な海にギリギリまで山が迫る、斜面地の多いところである。

　先日、尾道を舞台にしたＮＨＫの「ぶらタモリ」が放映された。番組では空き家再生のテーマは特に出ずに、主に地形と古建築、神社、仏閣の話が多かった。これは仕方のないことであろう。というのは、尾道の駅の案内所で配布される観光パンフレットは、基本的に寺巡りルートの情報がメインで掲載されているからだ。

　もちろん、寺巡りは尾道観光の基本である。たとえば浄土寺には、ここだけで国宝の建造物が二つもあって、ほかにも重要文化財がいくつも並ぶ。市内中心部には他にも、西國寺・西郷寺・常称寺・天寧寺など重要文化財が密集している。

　尾道は、何度も訪ね続けるリピーターが多いといわれる。なぜなのか。

　尾道には年間670万人の観光客が来るといわれているが、彼らが何度も尾道に来る目的の一つは、お寺巡りもさることながら、路地を歩くことにあるといわれる。そして、路地にある街並みに出会う。寺社だけでなく、いわゆるＢ級Ｃ級の「ちょっと古い建物・空き家」に出会う。そこに魅力を感じ、来るたびに新たな発見がある。それがいま一番の「尾道の楽しみ方」になっていると感じる。それは、最近の雑誌の特集記事を見ても実感できる。

　車も入らないような細い路地に残っている古い建物、たとえば和風住宅、土蔵、洋館……。そういう趣のある古い建物を見る、そして、それが再生されていく。「また見に行こう」と、リピーターも集まる、というサイクルが尾道の特徴ではないか。雑誌の特集には、「坂の途中で楽しむ寄り道」と

書かれている。荒れていた景観が、いつのまにかパン屋さんになっていたり、本屋さんになっていたり、ステンドグラスの工房になったりしている。そんな町の変化が魅力の柱といえる。

「リノベーションしながら歴史的景観を継承していく」。これらのいくつもの動きが、「空き家の再生」をベースとして動いているということがカギである。

2. 景観の「脇役」にも光を

駅前で配られる観光マップのメインはお寺や神社の紹介だが、それ以外の、もっとたくさんの近代の建物がたくさんあることを、まず知ってほしい。明治維新を境に、欧米の建築の技術やデザインが国内に流れ込んできた。Ｊ・コンドルらお雇い外国人やキリスト教神父・宣教師を窓口に、東京や居留地を中心に洋風の建築が増えていく。町の大工が、そんな外観を見よう見まねで建てる「擬洋風」もブームとなる。大正から昭和初期には、和風の建物に洋館が1部屋だけくっついた「洋館付き住宅」というジャンルも流行する。映画「となりのトトロ」の主人公・サツキとメイの住まいといえばわかりやすいだろうか。さらに、近代は和風の建築技術が頂点に達した時代でもあった。

そんなさまざまなジャンルの建物たちが、尾道の斜面地には豊富に残っている。寺社だけではない多様な建築の集合体、それこそが尾道の斜面地の最大の特徴であり資源であると私たちは考えている。

私自身も、空きＰの多くのメンバーも、そんな「脇役」のような建物にとても興味があり、また大好きである。

では、そういう建物のどこがユニークで、どこに価値があるか？ それを可視化して、わかりやすく解説し、価値付けをしていくという作業が、次に必要になってくる。そこで私たちは、建物のディテールやデザインをイラストにし、マップを作ってみた。「尾道の近代建物マップ」がそれである。そして、これを手にして斜面地を歩く「尾道建築塾」を毎年開催、さらに学生を連れて授業でフィールドワークを行っている。

第2章　報告　尾道での空き家利活用の教訓 ｜ 29

図1　空きP尾道建築塾チラシ

「尾道建築塾」とは、空きPが2007（平成19）年に活動を始めてすぐにスタートしたイベントである。団体のメンバーには、大学教員や一級建築士など建築の専門家が3人いるが、「コミュニティと歴史」「店舗の再生」そして「歴史的建造物」という、それぞれの得意分野を3回にわけて解説するという企画である。チラシを作って募集すると、市民の参加希望が集中し、すぐに定員になった。そして、「脇役の建物」も貴重な尾道の宝であることを知り始めた。多くの人は、自分の町に国宝や重要文化財といった宝物があるのはよく知っていたけれども、それ以外にもたくさんの近代建築の傑作があるということを知らずにいたのである。

3．ひとりの女性の決断から

　JR尾道駅を降りて振り返ると、山が迫っている。海に至る平地は狭いところでは線路から数十メートルぐらいしかない。石段を上り下りする斜面地は、不便である。車も入らないし、荷物も運べない。さらに下水道が敷設できず、トイレが汲み取りであるということもあって、空き家はいまもどんどん増えている。
　こうした空き家の現状を何とかしたいと思う女性がいた。
　2007（平成19）年に、豊田雅子というひとりの主婦が、一軒の空き家を購入した。その名は「ガウディハウス」。そこから、この活動はスタートした。
　名前はもちろん通称で、スペインの建築家アントニオ・ガウディとは無関係だが、崖の上で不整形な土地に建つ、複雑な形状と装飾の木造2階建ての住宅。その異形さゆえに誰ともなくガウディの名を冠したという。その不思議な建物を彼女が自費で買ったのである。
　大林宣彦監督の映画にも登場したことがあるこの家。尾道出身の彼女は、

駅までの道すがら、この建物をいつも見上げていたという。大阪の大学に進み、旅行添乗員としてヨーロッパを中心に世界を回っていた。イタリアのアマルフィなどの坂のある街が好きだった。

「尾道とよく似ている。海が近くて、斜面地があって、古い建物がいっぱいある。世界中から人が来て、お金が落ちてみんなが豊かになる。そんな外国の町と、ふるさと尾道はどうしてこんなに違うのか」

古い町並みがほとんど顧みられることなく打ち捨てられていくという現実に危機感を

図2　尾道ガウディハウス

持った彼女は、縁あって内部見学したタイミングで、このガウディハウスを購入したのである。

「この建物を自分で再生する」。

そのことを彼女はブログで発信し始める。「掃除をします」とか、「こんなかわいい調度品が出てきました」などの情報を写真とともに伝えていく。すると「手伝いたい」「興味がある」と、さまざまな仲間が集まってきた。そんな仲間たちが空き家再生プロジェクトとして動き出す。2007（平成19）年の7月に任意団体でスタートし、翌年の2008（平成20）年にNPO法人を取得。なお、現在は「認定NPO」となっている。

NPOを紹介するチラシには、「空き家×（かける）？」と書いてあり、その「？」は五つある。「建築」「アート」「コミュニティ」「観光」「環境」という、さまざまな「切り口」から空き家再生にアプローチできる、というメッセー

図3　空きPチラシ

ジが込められている。

　私はそのうちの「建築」に関わっているのだが、私も知らないフィールドでも、子育てや園芸、アートなど、多種多様な活動が日々展開されている。まるで、五つの足を持った柔軟なタコのような存在が、空きPではないかと私は感じる。これはとても大事なことであり、五つもの「入口」があれば、自分に関心がありそうな切り口がたいてい一つぐらいは見つかるということであるからだ。

　「渡邉さんは古い建物の調査が好きだと伺ったが、図面を作ってほしい家がある。ボランティアなんだけど……」

　豊田代表からのそんな電話がかかってきたのは、ガウディハウス取得の直後のことだった。

　私は、建築設計のほかに、文化財など歴史的建造物の調査や再生に携わっている。東京・神楽坂に建つ洋館のギャラリー兼設計事務所に勤務していた時に、「新しいものを建てる設計者ではなく、街の記憶を大切に継承する建

築家であるべきだ」との教えを受けていた。ちょっとでも古い建物を見たら「国の登録有形文化財にしちゃいましょう」とあちこちで訴え、実際に各地での文化財登録にも関わってきた。だからその申し出を断る理由はなかった。私はすぐに尾道に飛んだ。

4. ガウディハウスをどう残すか

　ガウディハウスは、正式には旧和泉家別邸という。

　平面を見ると複雑な船のような形をしている。カブトエビのようでもある。ジャンルとしては「洋館付き住宅」ではあるが、「和」のはずの部分も、南京下見板が張られていて「洋」っぽい。幾重にも重なる飾り屋根、和風では珍しい露台（バルコニー）もある。丸窓もある。そんな「異形」さに私は驚き、そして七十余年前の職人の技術の確かさに感銘を受けた。

　階段は、斜面地の角度によってえぐられて、曲がり、かつ狭くなっていた。この階段こそ、豊田代表が「内覧の時に一目惚れした」という一つのアートであった。

　建物の調査をするときには、私たちは屋根裏に入る。屋根裏で棟札を探すことにエネルギーを注ぐ。棟札は、「何年の何月に誰によって建てられたか」ということを語る「出生証明」である。この時、運良く小屋裏で棟札を発見できた。伝承の通り、1933（昭和8）年に上棟していたことが確かめられた。このことが、数年後に文化財に登録する際の有力な根拠となったのである。

　「建物の魅力の可視化」という作業は、ガウディハウスでも大切なことであった。

　「かわらしい、すてきだ、レトロだ」という言葉に終わらせず、尾道の斜面地特有の不整形なプラン（平面形状）や「洋館付き住宅」という歴史的な意義、筬欄間や襖の引手といった和の美とともに、バランサー（鉄製重り）入り上げ下げ窓や、ドイツ壁といった洋の美を一つひとつ挙げていく。障子の組子の組手越細工など、ディテールは見れば見るほど発見があった。黒タイルの竈が現役のまま残っていたことも奇跡のようだった。

第2章　報告　尾道での空き家利活用の教訓　33

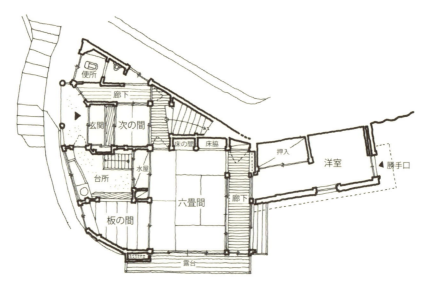

図4　ガウディハウス1階平面図

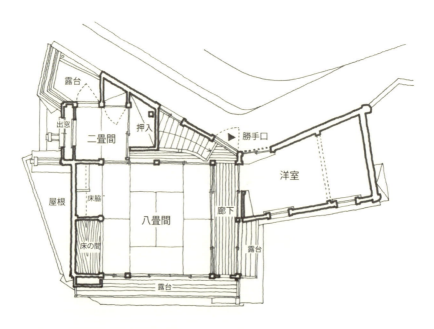

図5　ガウディハウス2階平面図

そうした一つひとつの特徴を、建築史のヒストリーの中に位置づけて価値を見えるようにしていくという意識で、「ガウディハウスのここがすごい」シートを作った。これは、専門家でなくても建物を説明できるように、との思いも込めている。

調査が進むにつれて、これはたぐいまれな建築であるという思いが強くなり、私は国の登録有形文化財にすることを豊田代表に提案し快諾を得た。後述するゲストハウスみはらし亭とともに、旧和泉家別邸という名称で国の文化財になったのが2013（平成25）年のことであった。

20年以上空き家状態であった

図6　尾道ガウディハウス（旧和泉家別邸）の洋館部2階

ガウディハウスは、特に洋館部分の腐朽・破損が激しかった。三角の屋根ではなく、平らな陸屋根であり、また山に近いため落ち葉が多く雨樋が詰まっていたことも状況を悪くした。雨漏りは深刻で、シロアリの食害も甚大であった。洋館部の柱は消失し、壁のモルタルで保持されている箇所もあった。洋室内の蛇腹の回し引きの装飾は、経験のある左官屋さん自体が少なく、建築における絶滅危惧種の様相を呈する。私たちはこの漆喰のアートを再現したいと考え、詳細な実測図面を残し、かつカットサンプルを保存することにした。伝統技法を継承する熱意ある職人たちとともに、いつか蘇らせたいと決意している。

5．第 2 号物件「北村洋品店」はオフィスとして

　ガウディハウスを購入した彼女は、続けて 2 軒目の空き家を自費で手に入れた。それが三角屋根の北村洋品店である。戦後に建築された擬洋風建築で、後ろに接続した和風住宅との取り合い部など雨漏りによる劣化、シロアリの食害が激しく、柱や梁が消失してしまった部分も少なくなかった。しかし、三軒家町の街角のランドマークであるトンガリ屋根は、朽ちるにまかせておくには惜しい建物であった。空き P のオフィス兼「子育てママが集える空間」にしたいというのが豊田代表の希望であった。

　ここでも彼女は自分の手でゴミを片づけ、痛んだ部分を解体していった。床下に古い井戸が残されていた。再び床組みをして隠してしまうのではなく、あえて台輪で持ち上げて、床から井戸石が飛び出す形に再生した。文字通りの「井戸端サロン」になった。

図 7　尾道・北村洋品店

図 8　尾道・北村洋品店　改装後

ガウディハウスと異なり、文化財として残すのではなく、みんなで楽しくリフォームするという方針とした。外壁はワークショップでドイツ壁を再現し、床のモザイクタイルや1階天井は子どもたちに関わってもらった。2階天井は洞窟のような曲面とし、アーティストが彫刻を刻んだ。2階はいま常設フリーマーケットとして、使用済みの子ども服が並んでいる。

図9　北村洋品店内部

6.「あなごのねどこ」——商店街で宿を作る

　前述のような「個人での購入」を第1のパターンとするならば、再生の類型の二つ目は、団体で物件を借りて運営するという手法である。

　商店街のアーケードに面したこの空き店舗は、元は呉服屋で、最後は眼鏡店として使われた後に閉店していた。それをゲストハウスとして再生したのである。

　建築としては何の変哲もない、ビニルクロスとシート床の建物であった。近世からの地割りでよくあるように、ここの敷地は極端に細長く、奥行きが約50メートルもある。まさに「ウナギの寝床」だが、尾道はアナゴが名産であることから、「あなごのねどこ」という名前にした。

図10　あなごのねどこ「あくびカフェー」

改装のために潤沢な資金があるわけではないので、作業は基本的にセルフビルドで行った。NPOメンバーでもある片岡八重子建築士が法的手続きや構造補強等を監修、大工や左官など地元の職人の指導を仰ぎながら、スタッフやボランティアの市民らが汗を流した。関西の大学が、授業の一環として学生を派遣し強力なサポートをいただいた。

　内装部材はどこから調達したか？

　この黒光りするカウンター、壁にかかった食器棚、下駄箱そのままの棚、懐かしい木製のガラス戸。実はこれらは、市内の古い学校の校舎からいただいたものである。廃校となり、取り壊しになる直前に市から連絡をもらい、無償でいただいた部材や什器なのである。そんな手法でコストを抑え、さらに「旅と学校」というコンセプトを自然に演出する、そんな空間作りに成功したのである。

　4年前にオープンし、1泊2,800円の二段ベッドの簡易宿所（ゲストハウス）として、季節を問わずに多くの旅人に使っていただけるようになった。また1階の「あくびカフェー」のスタッフも合わせて、多数の人びとの雇用創出にもつながっている。「旅人として宿泊し、そのまま居着いて、いまはあなごのねどこで働いている」という人は多い。

　また、1階のカフェでは、不定期で「辺境探訪」や「建築愛」といった旅と建築にまつわる連続ミニレクチャーも実施し、若い人を中心に旅の魅力を伝える場にもなりつつある。

7．「三軒家アパートメント」──サブリースの手法

三つ目の類型として、建物をサブリースで再生するという手法がある。

空きPとしては、この「三軒家アパートメント」がその第一号である。

北村洋品店のすぐ裏手のこの木造モルタルのアパート。アクセスは良いのだが、古い作りで魅力がなく、ほぼ無人の状態が長かった。そこでまるごと所有者から借りて、セルフビルドで修理し、一部屋ずつ希望する個人に貸している。現在は、雑貨屋、マッサージサロン、骨董品屋、ギャラリー、卓球場、そしてカフェなど、居住以外の多様な活用がなされており、私たちは「サブカルチャーの発信地」をめざしている。

図11　三軒家アパートメント改修前

ほかにも、別の木造モルタルのアパートは、逆に住宅として活用し、女子オンリーの寮のようにサブリースをしている。さらに移住した若者が個人で建物を借りて、そして仲間同士でシェアをする「ルームシェア」という事例も人気だという。そのうちの一つでは、深夜だけオープンする個性的な古書店ができ、話題になっている。

8．山の上のゲストハウス──みはらし亭の復活

2015（平成27）年から16（平成28）年にかけて、空きPが総力をあげて取

図12　みはらし亭外観

図13　みはらし亭遠景

り組んだ再生物件、それが「みはらし亭」である。建物としても大型で空前の難工事であった。また、国の登録有形文化財の改修工事としても、はじめての経験であった。

　尾道随一の観光地である千光寺山の中腹に建っていた、和風建築・みはらし亭。大正時代に茶園として建てられ、戦後に旅館に用途を変えた。みはらし亭という屋号は、その頃に命名されたものである。やがて廃業に至り、その後25年にわたり空き家状態であった。

　これは、当初、尾道市空き家バンクの賃貸物件として登録されていたものの借り手がつかず、NPO主体で再生を決断、10年間無償という条件で借り受けて改修工事を行ったものである。再生の類型としては、第4のパターンといえる（p14〜15参照）。

　石垣の上に乗り出すように建つ2階建て瓦葺き、不整形な躯体から伸びる深い軒はすべて扇垂木（おうぎだるき）という凝った造りで、大正10年と記された棟札も発見できたことから、ガウディハウスと同時期に学術調査を実施して登録有形文化財に申請、2013（平成25）年に登録された。

　しかし建物は破損がひどく、屋根は痛み、窓ガラスにはひびが入り、壁にも穴が空いていた。下界からもよく見える位置にあり、多くの市民には「あ

あ、あの参道沿いの建物か」と認知されていた。しかし、その印象は「汚れた空き家」の一つであり、「目障り」で「はやくなんとかすべきだ」と思っていた人も多かったであろう。それが文化財になったのだから、その「驚き」を最大限に「利用」すべきだというのが私たちの考えだった。

そこで「坂の街の文化財を巡るツアー」というイベントを企画した。すでに登録有形文化財になっている文学記念室とともに、この生まれたばかりの文化財を市民にお披露目したのである。扇垂木の細工の素晴らしさ、立地の特殊性、床の間・階段・洗い出し腰壁といった細工の妙を説明した。すると「これは尾道の宝ではないか」「こんな魅力に気づかなかった」という反応を得た。

登録有形文化財は、国宝・重要文化財などの指定文化財と比して、工事費の補助もない「うまみのない制度」といわれる。それは事実だが、「身近なあの建物が国の文化財になった！」というアナウンス効果こそ大切だと私は考える。それが「地元の人びとが魅力を再認識する機会」につながるからだ。それが、「まちをあげての再生の機運」をもたらす可能性があるからだ。

なお、2015（平成27）年にはわが国初の「日本遺産」の一つに「尾道水道が紡いだ中世からの箱庭的都市」が認定され、その構成物件18件の一つに、国宝浄土寺などと並んでみはらし亭が登録されたこともニュースとなった。

プロの職人とスタッフを中心に作業は進められたが、大量の荷物の搬入を含めて、重要な節目では「夏合宿」「春合宿」を実施し、全国から駆けつけた人びとが汗を流した。

「尾道の空き家再生を体験したい」「自分の故郷でまちづくりをしたい」「セルフビルドをやってみたい」……。さまざまな意識と目的を持って、しかも数万円の参加費を払って、毎回20名余の有志が1週間泊まり込みで作業を担ってくれた。彼らは木工・左官・塗装などの専門家に指導されながら、さまざまなジャンルの作業を交代で行い、「当事者」として再生に関わった。

ほかにも、地元の土堂小学校からの協力の申し出もあり、「総合的な学習」の一環として、五年生全員が残材の荷下ろし作業に参加した。数百段の石段に一列に並び、バケツリレーの手法で大量の土嚢袋を運んでゆく光景は壮観

図14　土堂小学校土嚢の会

図15　みはらし亭クラウドファンディング

であった。

　構造補強は難しい課題であったが、歴史的建造物の補修経験の豊かな構造設計者に依頼し、中心部への鉄骨フレームの挿入・耐力壁の増設・滑落防止の馬梁設置などの方法で対処した。また、（工事費の補助は無いが）設計監理料の半額補助という国の制度を活用し、文化財保存の専門家である津村泰範氏（現長岡造形大学准教授）の技術指導を受けながら、意匠・学術面での慎重な検討を加えつつ修復を行った。

　修復費用も大きな課題であった。団体としての自己資金のほか、政策金融公庫からの借り入れと尾道市から600万円の助成金をいただき、空きPメンバーら関係者から5年返済で30万円の出資金を集めた。さらに今回初めてクラウドファンディングに挑戦し、「坂の町・尾道の築100年の絶景空き家をゲストハウス『みはらし亭』に再生します！」というタイトルで資金の提供を呼びかけた。200万円を目標に掲げたが、2か月半のあいだに241人の方から計300万円が振り込まれ、ファンドは成功した。

9．空き家バンクは「愛」が大切

　尾道市の空き家バンク事業は、以前から市の直営で行われていたが、土日

に対応できない、物件情報もエクセルシートのみ、ということもあり、あまり実績が上がらず開店休業状態だった。

2008（平成20）年に法人格を取得した空きPが、翌年の2009（平成21）年に業務委託を受けて空き家バンクは再スタートを切った。新聞記事で「再始動」とあるのはそういう理由である。

尾道は、駅前の市街地である三山（千光寺山、西國寺山、浄土寺山）の斜面地を中心に多くの空き家がある。一方で観光地として、移住希望者も多い。そこで空き家バンクの出番となるのだが、ではなぜ一般の不動産業者では解決しがたいのだろうか。

それは、三山斜面地の空き家の多くがもつ特殊な事情による。

第一に、土地の多くが寺地であり、土地の相続がなく、よってウワモノである建築の価値のみだと資産価値に乏しいこと。第二に、建築基準法に定める接道義務を満たしていない敷地が多く、再建築が困難であること。第三に、崖地安全条例によって建築行為には擁壁築造が条件となるケースが多く、予算的に難しいこと、第四に、自動車でのアクセスが不可能な物件が多く、施工業者が関わりたがらないという事情である。

畢竟、斜面地の物件は家賃も安く、不動産業者の手数料もわずかである。また、一般的な物件のように「雨漏りが起きたら大家さんを呼ぶ」ような責任を貸し手が負いたがらない。痛んだ部分の修理費すら負担できない、負担したくないケースが多いからだ。なので、多くの物件では住む人が自分の責任で修理をすることになる。

そんな「不動産屋さんが関わりたがらない」三山の斜面地と、平地ながら無接道等の「わけあり」物件が、私たち空きPが扱う空き家バンクの範囲なのである。

場所の制限だけではない。

「仲介」「斡旋」など、宅建業法に抵触する業務はNPOは担うことができない。あくまでも利用者への「情報提供」と「マッチング」が、バンク事業の中心である。契約や交渉は当事者同士に任される。

私たちは、毎月一度、空き家相談会を開いている。本職の宅建士とともに

第2章　報告　尾道での空き家利活用の教訓　43

建築士（私）が並んで座り、「空き家と移住に関するあらゆる疑問に応える」ことを旨としている。ここで利用者登録をしていただき、パスワードを渡してはじめて物件データベースにアクセスしてもらうわけである。

2009年の再始動以降、移住が決まった物件は約90件になり、さらに移住希望者は増え続けている。提供できる物件が不足しているのが現状で、空きPとしても物件の掘り起こしと新規登録に努めている。

「なぜ尾道の空き家バンクが成功しているのか」と聞かれることが多い。

その理由はいくつもあるだろう。観光地であること、景観の豊かさ、映画やアニメの舞台としてのあこがれ……。そうした、街自身が持つポテンシャルに加えて、私はバンクの紹介ページに書かれた説明文章のユニークさを挙げたい。

「昭和初期以前に建てられたであろう職人の技が光る宝のようなお屋敷です。この伝統の美を受け継いでくださる方をお待ちしています」。

「建物も外壁が板張りでなかなか雰囲気のあるもので好感が持てます。お風呂は五右衛門風呂で、台所は何と黒タイルのかまどが健在です！ となりのトトロのような昔ながらの生活もここでは可能です」。

「坂の上り下りは大変ですが、部屋から見渡せる景色を見れば、その疲れも飛んでいきそうです」。

「周りも緑が多く、中央図書館で本を読んだり、浄土寺の鳩に餌をやったりと、のんびりとした日常が送れること間違いなしのロケーションです」。

「1階の玄関脇には当時尾道でも流行ったと思われるハイカラな洋風の応接間があります。欄間や下地窓、今では手に入らないような古いガラスの入った立派な建具など、建物そのものがアンティークのようです」。

これらはみな、豊田雅子本人の文章である。彼女の主観たっぷりの解説文には、建物への愛があふれている。「空き家は負の遺産、はやくなくすべき」という「ふつうの」視点の対極にある彼女の思いが、「こんな空き家に住んでみたい」という移住者を惹きつけているのだと私は感じている。それはまた、「公平性を重んじる」行政では、なかなか取りにくいスタンスなのではないかと思われる。

10. 坂暮らしの厳しさを伝える

　尾道の特殊性ということでいえば、斜面地が多いということに加えて、土地の所有形態が挙げられる。斜面地の土地の多くは寺地であるということだ。明治時代の地図を見ると、線路が敷かれたすぐ上のあたりの斜面地にはまだ住宅が少ない。近世からその頃まで、ずっと斜面地は寺社が集まる「神聖な場所」であった。1891（明治24）年の山陽鉄道（いまのＪＲ山陽本線）開通に伴い、立ち退きを余儀なくされた住宅の代替地として「解禁」されたことが、「坂の街の風景」を生んだ転換点だったということである。

　そのために、斜面地に暮らす住民の多くは、いまも借地をして暮らしている。土地が自分のものではなく、またウワモノの建物も経年のために資産価値がゼロに近くなる。そういう状況の中で、所有者の代替わりにより相続される、あるいは高齢者が施設に入るなどして空き家になった時に、あまり未練なく他人の手に渡りやすいという傾向が、比較的強いのではないかと私は感じる。つまり不動産の流動性が高い。

　ところで、空き家問題はゴミ問題でもある。

　多くの空き家には家財道具やゴミがたくさん残されている。それをどう処理するかは、クルマが進入できない斜面地では深刻な問題だ。

　結局、人の力で一つずつ降ろすしかない。たくさんの人が坂道で列を作り、バケツリレーよろしく手で渡していく。この辛い作業を、まるでお祭りのように楽しむのが「土嚢の会」というイベントで、地元の居酒屋店員の屈強な若者たちがボランティアで駆けつけてくれる。彼らの献身がなければ、再生される空き家の数はここまで増えなかっただろう。

　「移住したい」と訪ねてくる人には、「尾道暮らしへの手引書」を渡している。ここには、マンガで「尾道での生活の辛いこと、苦しいこと」が書いてある。クルマが使えない不便さだけでなく、「汲み取り便所であること」「修理しないと住めないものが多いこと」「理想の物件は簡単には見つからないこと」……。「おしゃれな街」「素敵な暮らし」にあこがれて尾道に来た人び

第2章　報告　尾道での空き家利活用の教訓　｜　45

とに、空き家暮らしは嫌なことや大変なことがたくさんある、と伝えるためのカルタである。

またそこには、「防災や共助などの面で、あなたこそがこの地域を支えてほしい」というメッセージも込められている。町内会やゴミ出しに非協力的な移住者になってほしくないからだ。実際に、空き家相談会では、「高齢化率が高い坂道の斜面地では、あなたが入ることで、この地域を支えてほしい、防災も、防犯も、ここで頑張ってほしい」ということを口頭で伝える。それを伝えた上でバンクの情報サイトにアクセスするパスワードを渡すのである。つまり、尾道に足を運ばなければ、空き家バンクの物件を見ることができないのである。他の地域のバンクと違って、尾道のそれが、「ネットで見ようとしても見つからない」のはそのためである。事実上無料の物件や非常に安い物件が多いため、値段だけで判断して申し込まれたらトラブルになる可能性が高い。

そういうプロセスを経て、今、尾道市空き家バンクは、ある程度の成功を見ているのではないかと考えている。

11. 「空き家は宝だ」という意識を

空き家バンクを支えているベースが「愛」だと書いたが、それは大げさではなく、豊田代表は空き家を見ると本当に宝物に見えるという。常に「空き家は尾道の宝だ」と語っている。「空き家があるから移住者が来てくれる」「一つひとつの空き家の美しさ、職人の技術の魅力を伝えなければ」と訴えている。

私はそれとともに、いわば「町の風景の脇役」の力が大切なのだという気がする。

「深夜食堂」というドラマがある。これは主人公とヒロインだけでなく、それ以外の脇役が光っている。こういったいわゆるB級、C級というべき建物の魅力を、誰かが発見し、それは美しいことだと称揚し、そして、それをきちんと紹介し、検証することが必要だと痛感する。そのための制度として登録有形文化財という制度をこれからも活用していきたいと思っている。

46

最後に強調したいのは、空き家再生のすべての過程において、デザインが持つ力がとても大きいということである。

　イベントのたびに作るフライヤー（チラシ）を、私たちは重視している。十分な額ではないが、毎回お金を払って仲間のデザイナーに作成を依頼する。直営で建物を再生したら、一つできるたびに固有のロゴマークを作る。

　それは、「美しくない、洗練されていない印刷物が世に出てしまったら、若い人が離れてしまう」からだ。町並みにも、建築にも、自身の暮らしにも美しさを求める、そんな「いちばん尾道に来てほしい人びと」が、そっぽを向いてしまうからだ。それは、豊田代表の信念である。

　「尾道暮らしへの手引書」をデザインしたのは、東京から移住した漫画家・つるけんたろう氏であるが、彼のインタビュー記事が朝日新聞に掲載されたことがあった。

　「尾道は観光地だからうまくいっているのだろう。ほかの町にもその手法は使えるのか」という趣旨のちょっといじわるな質問に対して、彼は「大切なのは町の魅力を地元が再認識することだ」と答えている。「尾道は港の風景や昔ながらの家並みを保存しようという人がいるから、若者が集まってくる。地元のまちづくりの意識が大切だ」と言っている。この言葉に私も強く共感する。

　私たちは空き家を負の遺産としてだけで見るのではなく、その建物に隠された美しさをきちんと評価し、検証する、そのために建物の価値に気づく訓練をするべきなのだ。隠された輝きに気づき、知った者が、それを可視化し、市民や旅人と共有すべきなのだ。それが、これからの時代に、空き家再生にとっても、移住支援にとっても、そしてまちづくりにとっても、真に尊い営みだということが、空きP建築チームの一員としての10年間の教訓であり、課題であると私は思う。

第2章　報告　尾道での空き家利活用の教訓　47

第3章

自治体は空き家問題を
どうとらえているか

――「空家法」施行1年後の全国実態調査からみえるもの

伊藤　義文
（千葉県弁護士会）

1. アンケートの趣旨

　空き家対策に関しては、法律に先行する形で相当多数の自治体が空き家条例を制定して対策を進めていた。その後、空家等対策の推進に関する特別措置法（平成26年法律第127号・以下「空家法」という）が、議員立法により制定され、2015（平成27）年5月26日に完全施行された。本アンケートは、空家法施行後約1年半の時点で、全国の市区町村における同法の実施の状況、同法の実施に当たっての問題点、空き家問題に関する施策等の状況について質問し、自治体の空き家問題に対する認識と対応を明らかにすることを目的として調査を実施した。

　本アンケートは、全市町村及び特別区（1741団体）を対象に、空き家問題について自治体の現状を把握し、その課題を浮き彫りにするため、幅広い質問を設定して多角的に調査を行った点に大きな意義があるものと考える。

　本アンケートは、日本弁護士連合会から全国の市町村及び特別区（1741団体）の空き家対策部署あてに文書により依頼をし、インターネットによる回答を求める形式で実施した。回答期限は、2016（平成28）年10月31日と設定し、同年12月27日時点で最終的に取りまとめた。回答状況は、全国1741自治体のうち702団体から回答があり、回答率は40.3％となった。以下の分析は、同日までに回答のあったアンケートを基に行っている。

2. 回答団体の概要

（1）回答団体の内訳

　回答のあった市区町村の構成は、市が403団体（回答全体の57.4％）であり、このうち指定都市が17団体、中核市が34団体、施行時特例市が19団体、前記以外の市のうち人口10万人以上の市が90団体、そして人口10万人未満の市が243団体となっている。また、特別区が12団体（回答全体の1.7％）、町が248団体（同35.3％）、村が39団体（同5.6％）であった。

なお、上記の取りまとめ時点における全国の市区町村（1741団体）の属性及び割合は以下のとおりである（ただし、以下のうち、その他10万人以上及び同未満の市の数については「住民基本台帳に基づく人口、人口動態及び世帯数（平成29年1月1日現在）（総務省）」に基づいている）。

　　市　791団体（市区町村全体の45.4%）

　　　　うち指定都市　20団体

　　　　　　中核市　47団体

　　　　　　施行時特例市　37団体

　　　　　　その他人口10万人以上の市　161団体

　　　　　　その他人口10万人未満の市　526団体

　　区　23団体（同1.3%）

　　町　744団体（同42.7%）

　　村　183団体（同10.5%）

　したがって、本アンケートの回答数は、本来の自治体属性の構成と比較すると、市の割合が高い結果となっている。

（2）地域別の回答状況

　回答のあった自治体を地方別に分類してまとめた回答数の内訳は、以下のとおりである（カッコ内は、構成市町村所在の都道府県である）。

　　北海道　83団体　（北海道）

　　東　北　（被災3県）　37団体　（岩手、宮城、福島）

　　東　北　（その他）　　35団体　（青森、秋田、山形）

　　関　東　177団体（埼玉、千葉、東京、神奈川、茨城、栃木、群馬、山梨、長野）

　　北　陸　35団体　（新潟、富山、石川、福井）

　　中　部　79団体　（岐阜、静岡、愛知、三重）

　　近　畿　98団体　（滋賀、京都、大阪、兵庫、奈良、和歌山）

　　中　国　37団体　（鳥取、島根、岡山、広島、山口）

　　四　国　31団体　（徳島、香川、愛媛、高知）

　　九　州　84団体　（福岡、佐賀、長崎、熊本、大分、宮崎、鹿児島）

沖　縄　6団体　（沖縄）

（3）特定行政庁又は限定特定行政庁の占める割合（問3）

　回答のあった自治体のうち、特定行政庁（建築基準法2条35号）に該当する自治体は162団体（回答全体の23.1％）、限定特定行政庁（同法97条の2第1項又は97条の3第1項）に該当する自治体は、62団体（回答全体の8.8％）であった。

　2016（平成28）年4月1日現在の特定行政庁の数（231団体・全市区町村の13.2％。うち法4条1項建築主事設置　88団体、法4条2項建築主事設置　143団体）、同日現在の限定特定行政庁の数（171団体・全市区町村の9.8％）と比較すると、回答の母集団は特定行政庁の割合が高い。

3. 自治体による空き家条例の制定状況等

（1）空き家条例の制定状況と特徴（問4、6）

　空家法制定時において、既に同法と類似する条例を制定していた自治体は151団体（回答全体の21.5％）であった。さらに、回答時点において空き家条例を制定している自治体の合計数は、226団体（32.2％）であった。なお、法制定前に条例を制定していたにもかかわらず、法制定後に条例を廃止した自治体も6団体（0.9％）あった。

【問4】　空家法の規定内容と同種の規定を有する条例制定の状況について、空家法制定に伴う影響及び現在の状況

空家法制定前に条例を制定しており、同法制定後に条例を改正した	42
法制定前に条例を制定しており、制定後に条例を廃止した	6
法制定前に条例を制定しており、制定後現在に至るまで条例を改正、廃止していないが今後改正又は廃止の予定がある	62
法制定前に条例を制定していたが、制定後も条例を改正、廃止する予定はない	41

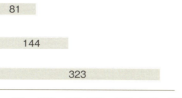

法制定時に条例はなく、制定後に新たに条例を制定した	81
現在も空き家に関する条例は制定されていないが、今後制定する予定がある	144
現在空き家に関する条例は制定されておらず、今後も制定する予定はない	323

　各自治体が制定した条例の特徴について、自由記載による回答を求めたところ（問6）、183団体から回答を得ることができた。このうち、回答中の割合の高いもの、あるいは特徴的なものとして、①緊急安全措置、代行措置その他空家法14条9項に定める行政執行法による代執行以外の方法で、自治体が直接空き家等に対する安全措置等を実施することができる権限を定めている自治体（95団体）、②適切な管理がなされていない空き家の所有者等、あるいは命令等に違反した者の氏名公表を定めている自治体（34団体）、空き家及びその敷地の外、空き地について規制対象とし、あるいは利活用の対象としている自治体（10団体）、戸建ての建物のみでなく、いわゆる長屋を対象として含めている自治体（3団体）、建物解体のための補助金を交付する制度を定めている自治体（2団体）、及び自治体が跡地利用をする場合の補助措置を定めている自治体（1団体）などが挙げられる。

　上記のとおり、回答のあった自治体のうち、半数以上が空家法14条9項ないし10項によらない安全措置等を規定していた。空家法上行政代執行に基づく措置をとることができるのは、「空家等」の認定、「特定空家等」の認定を経た後、助言又は指導、さらに勧告を経た上、「特に必要があると認める」場合に、意見書及び証拠提出の機会を与えてもなお必要な措置が履行されない場合又は履行が不十分な場合とされている。空家法では、こうした段階全てを経なければ代執行できないとされているため、時間的余裕がない場合の措置、あるいは、特定空家等までに至らなくても安全措置等が必要となる場合の措置を規定しているものと考えられる。

（2）自治体が独自条例を制定しなかった理由（問8）

空家法の制定までに自治体独自の条例の制定に至らなかった原因について複数選択による回答を求めたところ、空家法が制定されていない時点で「空き家問題については、条例を制定しなくても対応が可能であると判断された」と回答した自治体は、特別区が突出して高く42％（5団体）であるのに対し、市レベルでは9％ないし19％（町は27％、村については26％）であった。

「空き家問題について、住民からの苦情・要望が特になかった」との理由を挙げる自治体は、小規模になるほど増加する傾向にあり、特に村では49％（19団体）に及び、逆に施行時特例市、中核市、特別区及び指定都市では0％であった。

特別区、村は別にして、空家法制定当時、空き家問題についてはある程度の割合で、条例による法的解決が望まれる状況にあったものと考えられる。

さらに、独自条例の制定に至らなかった理由について、半数近くの自治体からは、「空家法制定の動きを見守っていた」（328団体）との回答があった。

議員提案による空家法の制定の動きがあったため、自治体の独自条例制定の動きが止まった実態があったと判断することができる。

さらに、空家法制定の動きを見守っていたとする上記328団体を抽出し、その後の空き家条例の制定状況を確認したところ、回答時点において既に空き家条例を制定した自治体が55団体（16.8％）、条例を新たに制定予定としている自治体が79団体（24.1％）あった（なお、制定予定なしとした自治体は194団体であって、回答全体の59.1％であった）。

空家法制定後に、それまで立法の推移を見守っていた自治体は、ある程度空き家問題への関心があった自治体と考えることが可能であり、このうち、4割近くの自治体が、同法とは別に条例を制定しようとしていることからすれば、空家法が立法として不十分である、あるいは、空家法とは別に条例で対応する必要があると考えた自治体が相当数あったものと理解してよいと思われる。

【問8】　空家法制定までに空き家対策条例を制定しなかった理由（複数回答）

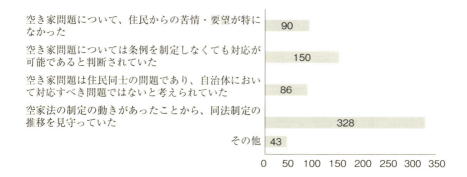

4. 空き家の発生原因 （問9）

　空家法を実際に施行する現場において認識されている空き家の発生原因は、質問中に用意した選択肢の中では多い順に、①中古建物よりも新築建物を優遇する税制（311団体）、②都市部への人口集中を促すような都市政策（275団体）、③住宅需要を超えた新築建物の建築を容易にするような税制上の措置（200団体）であった。

【問9】　空き家が増加する制度上の原因（複数回答）

　さらに、自由記載による回答を求めたところ、様々な意見が寄せられたが、中でも①固定資産税の住宅用地特例を挙げた自治体（58団体）が多く、主に税制上の問題があるとの指摘がなされている。また、②少子高齢化、核家族化等、世帯構成の変化を挙げた自治体（49団体）も一定数あった。

町村レベルでは、「周辺部から都市部への人口集中を促すような都市政策」を挙げる自治体が最も多く（村において64％、町において56％）、この割合は、自治体の規模が大きくなるごとに減少し、指定都市及び特別区については0％であった。
　町村については、近隣の都市部等へ人口が流出し、その結果として空き家が生じているとの意識を強く持っていると考えられる。逆に市レベルで該当するとの回答が多かったのは、税制上の問題であり、概ね過半数の市が、新築建物優先の税制度、新築住宅の過剰供給を容易にするような税制度が空き家発生の原因であるとしている。

5. まちづくりと空き家対策

　各自治体において、まちづくり・都市計画の視点をもって、空き家対策を行っているかどうか（問10）について、このような視点があると回答した自治体（341団体・48.6％）と、ないと回答した自治体（357団体・50.9％）は、ほぼ半数であった。
　この質問について、自治体の規模による相違はそれほど大きくないが、村レベルでは、このような視点を持って、空き家対策を行っている自治体の割合が41％と若干低下している。
　そして、まちづくりの視点を持って空き家対策を行っているとの回答のあった自治体においては、老朽家屋対策事務と空き家の利活用事務を同一の部署で担当している自治体が比較的多い結果となっている（関連質問・問15）。

【問10】　都市計画の視点をもって空き家対策を行っているか

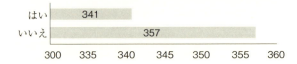

6.空き家対策の所管部署及び組織体制

(1) 老朽家屋の除却等を所管する部署について (問 11)

　空き家対策のうち、老朽家屋の除却等に関する事務を所管している部署は、①建築基準法を所管する部署 (163 団体) が最も多く、②住宅部門所管部署 (123 団体) がこれに続いている。③空き家対策のために部署を新設した自治体は 43 団体であった。また、回答時点において所管が決定していない自治体も 36 団体あった。

　空家法 14 条 9 項に規定する措置と、同じように行政代執行法が用いられる建築基準法上 9 条に規定する違反建築物に対する措置との手続の同一性が考慮された結果、空家法上の老朽家屋の除却に関する事務を建築基準法所管部署に所掌させたものと考えられる。

　なお、回答時点において、村は建築基準法上の特定行政庁 (同法 4 条 35 号) 又は限定特定行政庁 (同法 97 条の 2 第 1 項) とはなっていないため、回答のあった自治体から村のみを抽出して同事務の所属部署をみると、①総務所管部署における取扱いが最も多く (12 団体・31%)、次に②住宅部門所管部署 (10 団体・26%) の順であった。

【問 11】　空き家対策のうち、老朽家屋の除却等に関する事務を所管している部署

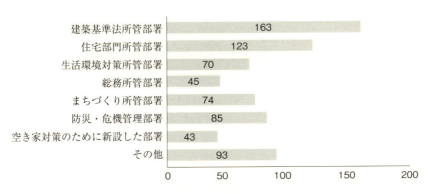

（2）空き家の利活用を扱う部署について （問12）

　次に、空き家対策のうち、それらの利活用を担当している部署については、①上記老朽家屋の除却等に関する事務の所管部署と同一とする自治体が最も多かった（227団体）が、②まちづくりを所管する部署とする自治体がほぼ同数でこれに続いた（203団体）。また、③担当部署が未確定とする自治体（18団体）のほか、④そもそも担当部署がないとする自治体も66団体（9.4％）あった。

　なお、自治体の規模別でみた場合と、回答全体とを比較した結果は、以下のとおりとなっている。

　①市のうち指定都市では、老朽家屋対策部署ではなく住宅部門を所管する部署が担当するとした自治体が最も多かった（13団体・76％）。

　②特別区では、指定都市と同様の傾向がみられたが（6団体・50％）、他方「所管部署なし」とする回答が全体の約半数（12団体中5団体・42％）を占めた。

　③中核市では、老朽家屋対策部署と同一部署とする自治体が最も多かったものの（14団体・41％）、これとは別に、住宅部門所管部署が担当しているとする自治体も同数程度（12団体・35％）あった。

　④施行時特例市では、老朽家屋対策部署と同一とする自治体が最も多かったものの（8団体・42％）、同部署とは別のまちづくり所管部署とする自治体が次に多かった（6団体・32％）。

　⑤人口10万人以上の市では、老朽家屋対策部署と同一とする自治体が過半数となり（46団体・51％）、住宅部門所管部署（10団体）とまちづくり対策部署（9団体）がほぼ同数であった。

　⑥人口10万人未満の市では、まちづくり所管部署が担当する割合が増加し（72団体・30％）、老朽家屋対策部署と同一とする自治体がこれに続く結果となった（62団体・26％）。

　⑦町では、人口10万人未満の市と同様、まちづくり所管部署が担当しているとする自治体が最も多く（101団体・41％）、老朽家屋対策部署と同一とする自治体が第2順位であった（78団体・31％）。

　⑧村では、老朽家屋対策部署と同一とする自治体が最も多く（15団体・38％）、まちづくり所管部署が担当するとした自治体が9団体（23％）であった。

【問12】 空き家対策のうち、空き家の利活用を担当している部署

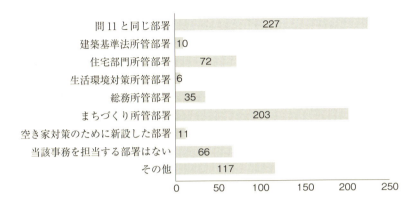

(3) 老朽家屋対策所管部署の専任・兼任の別及び人数 (問13)

　老朽家屋対策を所管する部署における人員体制について、全体としては、専任者がいないと回答した自治体は413団体（58.8％）あり、1人ないし2人が兼任で所管している自治体が多数に上った（52.9％）。

　自治体の規模別に分類した場合の回答状況は、以下のとおりである。

　①指定都市では、約半数が専任担当者を置かないとの回答であった（8団体・47％）。

　②特別区では、専任担当者を4人配置する団体（3団体）、専任者を全く置かない団体（4団体）と対応が分かれている。

　③中核市では、約半数の自治体が専任担当者を置かず（16団体・47％）、2人ないし4人の兼任担当者で事務を所掌している自治体が多いようである（合計で74％）。

　④施行時特例市では、多くは専任担当者を置かず（14団体・74％）、1人ないし5人の兼任担当者が事務を所掌する自治体が74％（14団体）であった。

　⑤人口10万人以上の市では、専任担当者を置かない自治体が51％（46団体）であって、1人ないし6人の兼任担当者を配置する自治体が78％（70団体）であった。

　⑥人口10万人未満の市では、専任担当者を置かない自治体が57％（139

団体)、1人ないし3人の兼任職員が担当するとした自治体が71%（172団体）であった。

⑦町では、専任担当者を置かない自治体の割合がさらに増加し（161団体・65%）、1人ないし2人の兼任担当者を配置する自治体が66%（163団体）となった。

⑧村では、専任の担当者を置かないとした自治体は64%（25団体）となり、過半数の自治体が兼任担当者1人を配置するとのことであった（22団体・56%）。

【問13】老朽家屋の除却等に関する事務を所管している部署において、当該事務を所掌する職員の数

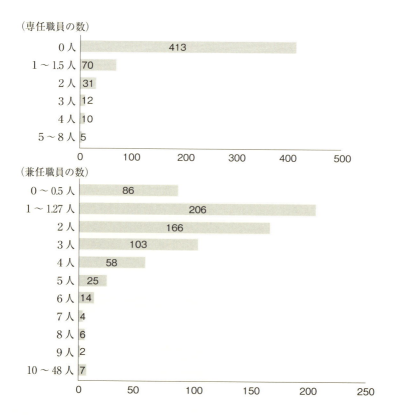

（4）利活用所管部署の専任・兼任の別及び人数 （問14）

　空き家の利活用に関する事務の人員体制として、専任者がいないと回答した自治体は全体では375団体（回答全体の53.4％）であり、1人ないし2人が兼任で所管している自治体が363団体（同51.7％）であった。また、担当部署がないとする自治体も91団体（本問について回答のあった602団体の13％）あった。

　本問について、自治体規模ごとの回答は以下のとおりであった。

　①指定都市では、専任担当者を置かないとの回答が多くを占めるものの（10団体・59％）、4人あるいは7人の専任担当者を置く自治体もあり（それぞれ1団体）、対応は分かれているということができる。担当部署なしとの回答は1団体（6％）であった。

　②特別区では、専任担当者を置かないとの回答が多く（4団体・33％）、兼任担当者1人を配置する自治体が多かったが、所管部署がないとする自治体も5団体あった。担当部署なしとの回答は5団体（42％）であった。

　③中核市では、やはり専任担当者を置かない自治体が多く（16団体・47％）、1人ないし3人の兼任担当者を置いている自治体が多かった（合計22団体・65％）。担当部署なしとの回答は4団体（12％）であった。

　④施行時特例市では、専任担当者を置かない自治体が相当数に上る（15団体・79％）。兼任担当者の配置については、0人から5人まで様々であった。なお担当部署なしとの回答は0団体（0％）であった。

　⑤人口10万人以上の市では、半数近くの自治体が専任担当者を置かず（41団体・46％）、1人ないし5人の兼任担当者で対応しているとの回答のあった自治体が全体の60％（54団体）であった。担当部署なしとの回答は18団体（20％）であった。

　⑥人口10万人未満の市では、全体の55％（133団体）で専任担当者が置かれず、1人ないし3人の兼任担当者が配置されている自治体が多かった（165団体・68％）。担当部署なしとの回答は27団体（11％）であった。

　⑦町では、全体の54％（135団体）の自治体には専任担当者が置かれず、1人ないし3人の兼任担当者が事務を担当している自治体が多い（177団体・

71％)。所管部署なしとの回答は31団体(13％)であった。

⑧村では、20団体（51％）について専任担当者は配置されず、72％（28団体）については1人ないし2人の兼任担当者が配置されている。所管部署なしとの回答は5団体（13％）であった。

【問14】 空き家対策のうち、空き家の利活用に関する事務を所管する部署において、当該事務を所掌する職員の数

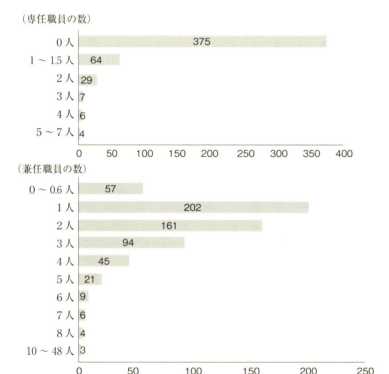

（5）家屋法所管部署とまちづくり施策担当部署との連携状況 (問15)

　空家法所管部署とまちづくり施策を担当する部署との連携について、連携の必要性を否定している自治体はごく少数であり（2団体）、また、回答時点においてその必要性を検討している段階にとどまる自治体も多くはなく（51

団体)、多くの自治体は両部署の連携が必要と考えており、既に連携体制ができている自治体あるいは双方の事務を同一部署で所管しているとの回答であり (320団体・45.5％)、これに現在連携方法を検討している自治体 (183団体) を加えると、全体の71.7％の自治体は、今後両者の連携体制が構築される見込みがある。

【問15】 空家法を主に所管する部署と、まちづくり施策を担当する部署との現在の連携状況

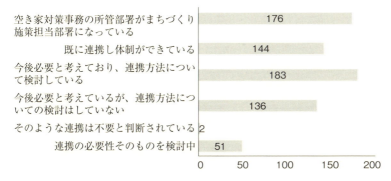

上記の回答を自治体規模ごとに分類したところ、回答状況は以下のようになった。

まず、政令都市では、連携に関する検討が進んでいない自治体が多い (8団体・47％)。特別区では、双方の事務の組織的統合はされていないが、比較的連携が進んでいるようである (4団体・33％)。中核市では、双方の事務の組織的統合の例は少ないが、連携関係があり、又は連携に向けた検討が進められている (16団体・47％、13団体・38％)。施行時特例市では、ある程度連携は進んでいるが (4団体・21％)、なお連携方法を検討している段階の自治体が多い (9団体・47％)。人口10万人以上の市にあっては、平均と比較して連携方法について検討中としている自治体が多い (24団体・27％)。人口10万人未満の市では、全体の回答とほぼ同様の傾向であり、町では、双方の事務を組織的に統合している自治体が比較的多い (80団体・32％)。最後に、村では、組織的統合がさらに進んでおり (18団体・46％)、連携へ向けた検討も

進められている自治体が多い（合計28団体・72%）。

これら自治体規模ごとの連携状況の相違は、小規模自治体の職員数が少ないために、両者の事務を分けて所管することが難しいことも一因と考えられる。

7．特定空家に関する自治体独自のガイドライン

（1）独自ガイドラインの策定状況（問16）

「特定空家等に対する措置」に関する適切な実施を図るために必要な指針（ガイドライン）（平成27年5月26日付け国土交通省・総務省。以下「ガイドライン」という）以外に、自治体独自のガイドライン（以下「独自ガイドライン」という）を作成している自治体は48団体（6.8%）、回答日現在で策定されていないものの、策定を予定している自治体が184団体（26.2%）であった。

【問16】 特定空家等に対する措置に関し、独自に策定したガイドラインの有無、またはガイドラインの策定予定の有無

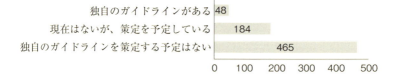

上記回答を自治体規模により分類した結果は以下のとおりである。

①指定都市では、65%（11団体）が既に独自ガイドラインを策定しており、策定予定がないと回答した自治体は29%（5団体）にとどまっている。

②特別区では、75%（9団体）が策定予定なしとしている。

③中核市では、53%（18団体）がガイドラインを策定済みであるか、策定を予定している。

④施行時特例市では、42%（8団体）がガイドラインを策定済みであるか、策定を予定している。

⑤人口10万人以上の市では、47%（42団体）がガイドラインを策定済み

であるか、策定を予定している。

⑥人口10万人未満の市では、67％（162団体）がガイドラインを作成する予定がないとされている。

⑦町では、73％（182団体）が独自ガイドラインを作成する予定はないとされている。

⑧村では、8割以上（32団体・82％）が独自ガイドラインを作成する予定がないとの回答であった。

上記のとおり、特別区を別にすれば、自治体の規模が大きくなるほど、独自ガイドラインを策定しようとする傾向が認められる。もっとも、上記結果は、自治体規模によるガイドライン策定のために人的・時間的余裕の有無が反映している可能性が高く、小規模自治体において独自ガイドラインが必要とされていないことを必ずしも意味するものではないものと考えられる。

また、独自ガイドラインの内容（問17）について、自治体が既に定め、あるいは定める予定の独自のガイドラインの内容としては、特定空家等の認定に関する具体的な基準と回答した自治体が192団体、特定空家等に対する各種の措置をとる際の基準と回答した自治体が116団体であった。

【問17】 自治体独自に策定した、あるいは策定を予定しているガイドラインに含まれる内容（複数選択）

その他	
空家等対策計画	1
空家等における管理不全な状態の判定に係るガイドライン	1
Q＆A集の策定	1
認定・各種の措置が本市の各所管でも行えるよう要綱として策定を予定	1
審議会への諮問フローなど	1
特定空家等に対する措置に関する体制や手続きなど	1

都道府県が策定したガイドラインをもとに措置を実施中であるが，状況に応じ改良していく予定	1
内容は国のガイドラインに準じたものである	1
歴史的、文化的財産価値を保護する	1
検討中・未定	12
その他	1

（2）独自ガイドラインの策定に積極的である自治体の問題意識

　独自ガイドラインを既に策定し、あるいは策定を予定している自治体の問題意識が、独自ガイドラインの策定を予定していない自治体とどのように異なるかを検討した（関連質問・問23）。

　独自ガイドラインを策定し、あるいはその予定のある自治体（232団体）は、そうでない自治体（465団体）と比較して、特に①ごみ等の放置、不法投棄を原因とする特定空家等の認定要件（41.8％）、及び②空家等に住みついた動物等を原因とする特定空家等の認定要件（51.7％）について、適用上の問題点を強く感じているとの結果となった（それぞれ該当するとの回答が13.2％、15.2％高くなっている）。

　逆に、独自ガイドラインを策定した自治体は、「建物が倒壊するおそれがある」との認定要件について適用が困難であるとの回答割合（6.3％）が、独自ガイドラインのない自治体と比較して20％以上低かった。

　ガイドラインを具体的に検討した自治体であるか否かによって、上記の各要件の適用の困難性に関する認識に一定の差異があるものと考えられる。

（3）ガイドラインの有用性（問23）

　ガイドライン中、適用が困難な項目として最も多く挙げられていたのは、空家等に住み着いた動物等を原因する認定基準に関するものであった（290団体・41.3％）。また、立木を原因とする認定基準、ゴミ等の放置、不法投棄を原因とする認定基準及び建築物等の不適切な管理を原因とする認定基準についてそれぞれ30％を超え、最も割合の低い「擁壁が老朽化し危険となる恐れがある」との基準についても、23.2％（163団体）の自治体が適用の難しさを感じているとの回答であった。

【問23】 特定空家等として認定するに当たってガイドラインを用いる場合に、適用が難しいと考えられる項目（複数選択）

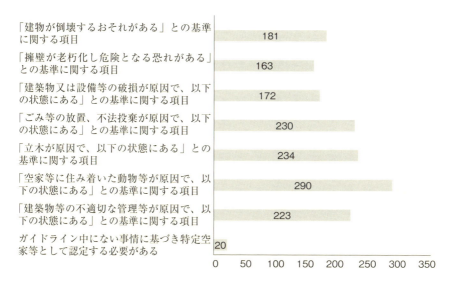

　自治体規模別で見た場合、適用の困難性を感じている基準は以下のとおりであった。
　①指定都市では、空家等に住み着いた動物を原因とする基準に関する項目が82％（14団体）、ゴミ等の放置・不法投棄を原因とする基準に関する項目が53％（9団体）の順となっていた。
　②特別区では、空家等に住み着いた動物を原因とする基準に関する項目が58％（7団体）、次いで立木を原因とする基準に関する項目が42％（5団体）となっていた。
　③中核市では、空家等に住み着いた動物を原因とする基準に関する項目が68％（23団体）、ゴミ等の放置・不法投棄を原因とする基準に関する項目が59％（20団体）の順となっていた。
　④施行時特例市では、空家等に住み着いた動物を原因とする基準に関する項目が74％（14団体）、立木を原因とする基準に関する項目が58％（11団体）、建築物等の不適切な管理等を原因とする基準に関する項目が47％（9団体）

の順となっていた。

⑤人口10万人以上の市では、空家等に住みついた動物を原因とする基準に関する項目が70％（63団体）、ゴミ等の放置・不法投棄を原因とする基準に関する項目が52％（47団体）、立木を原因とする基準に関する項目が51％（46団体）であった。

⑥人口10万人未満の市では、空家等に住みついた動物を原因とする基準に関する項目が42％（102団体）、ゴミ等の放置・不法投棄を原因とする基準に関する項目及び立木を原因とする基準に関する項目がそれぞれ35％（84団体）であった。

⑦町では、「建物が倒壊するおそれがある」との基準に関する項目が31％（76団体）、建築物等の不適切な管理等を原因とする基準に関する項目が29％（71団体）であった。

⑧村では、「建物が倒壊するおそれがある」との基準に関する項目が最も多く49％（19団体）であった。

8．空家法の施行状況について

（1）空家等の認定状況

回答日現在で空家法上の空家等（同法2条1項）を認定した実績のある自治体（問18）は、329団体（回答全体の46.9％）であった。

【問18】 空家法施行後、同法2条1項にいう「空家等」として認定した件数

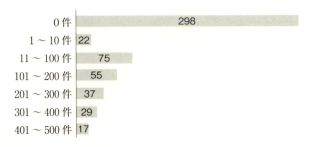

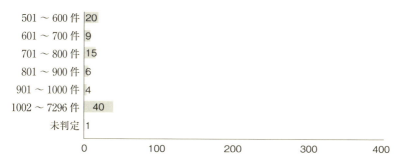

　これを自治体の規模別にみると、空家等を認定した割合が高いのは、人口10万人以上の市（60％）及び中核市（同59％）であり、職員そのものが少ない村レベルになると、認定実績は28％に低下している。

　次に、地域別で見た場合、沖縄地域で回答のあった6団体については、いずれも空家等の認定実績がないとの回答であった。また、中国地方において37.8％、中部地方において34.2％であって、全国の平均と比べて低い割合となっていた。東北地方（被災3県を除く）では、71.4％（25団体）と、地域別には最も高い割合であった。なお、被災3県（岩手、宮城、福島）における空家等の認定割合は、51.4％であったが、平均よりも高い割合であった。

　空家等の認定をしていないとする自治体（298団体）について、老朽家屋対策担当者の配置との関係でみると（関連質問・問13）、専任担当者がいるとする自治体の割合が、回答全体との比較において多少割合が低いものの（約3.1％の差がみられる）、認定実績のある自治体との間の有意な差とはいいがたい。また、認定実績のある地方公共団体は、実績がない団体と比較して、兼任担当者の配置の延べ人数（人数×自治体数）が、平均で1団体あたり約0.5人多かった。

　後記・問19において、基本指針の適用が困難な場合があるかどうか、及び適用が困難な要件について質問しているが、認定実績のない自治体が、基本指針の適用に困難を感じている割合が、全体の回答に比較して全般的に若干高く、最大約5％の差があった。

　空家等の認定実績のない自治体の回答日時点における空き家対策に係る条例の制定状況を全体の回答と比較したところ、約5％の差が認められた。若

干ではあるが、認定実績のない自治体は、条例等の整備を進めていなかった、又は進んでいなかったという結果になった。

　次に、空家法上の「空家等」の認定に当たっては、「空家等に関する施策を総合的かつ計画的に実施するための基本的な指針」（平成27年総務省・国土交通省告示第1号。以下「基本指針」という）が策定されている。基本指針において、空家法上の空家等と認定する場合の問題点の有無について回答を求めた（問19）。

　基本指針の問題点として、常態的未使用の認定に当たり、「年間を通して建築物等の使用実績がないこと」を一つの基準としていることと回答した自治体が245団体（34.9％）、「居住その他の使用がなされていないこと」の認定に当たって、「建物の適切な管理が行われているか否か」の認定が困難であることと回答した自治体が241団体（34.3％）、「居住その他の使用がなされていないこと」の認定に当たって、「建築物等への出入りの有無」を確認するものとされていることと回答した自治体が211団体（30.1％）、「居住その他の使用がなされていないこと」の認定に当たって、「建築物等の所有者等によるその利用実績についての主張等」から判断するものとされていることとした地方公共団体が185団体（26.4％）であった。また、「その他」のうち、特に支障がないと回答をした自治体は18団体であった。

【問19】　基本指針を適用して「空家等」を認定する場合に問題となる点（複数回答）

常態的未使用の認定に当たり、「年間を通して建築物等の使用実績がないこと」を一つの基準としていること	245
「居住その他の使用がなされていないこと」の認定に当たって、「建築物等への出入りの有無」を確認するものとされていること	211
「居住～」の認定に当たって、「建築物等の所有者等によるその利用実績についての主張等」から判断するものとされていること	185
「居住～」の認定に当たって、「建物の適切な管理が行われているか否か」の認定が困難であること	241

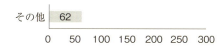

　空家等の認定を実施した自治体の割合が全体で約47％であることを考慮すると、基本指針については、相当程度の自治体が適用にあたって困難を感じているものと考えられる。

(2) 所有者認定にあたっての登記簿情報以外の情報利用

　本設問（問20）については、固定資産税に関する情報と回答した自治体が最も多く、第1順位とした自治体が410団体、第2順位とした自治体が93団体あった。

　次に多かったのが住民票に基づく情報であって、第1順位とした自治体が71団体、第2順位とした自治体が235団体であった。

　また、近隣住民からの情報を利用したとする自治体も一定程度認められた（第1順位52団体、第2順位107団体）。

　近隣住民からの情報は、特に人口10万人未満の市よりも小規模な自治体では、有用な情報源であるとの結果になっている。

【問20】 空家等の所有者の特定に当たって利用した登記簿情報以外の情報

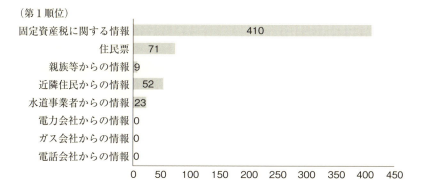

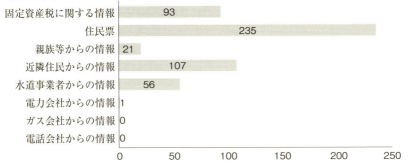

(3) 所有者等認定にあたっての他団体への照会実績等 (問21)

　所有者等認定にあたり、他の団体(水道事業者、電力会社、ガス会社及び電話会社)へ照会をした実績としては、水道事業者へ照会した自治体の数が最も多かった(206団体・29.3％)。

　また、これら他の団体への照会について、回答を拒否されたことがあるか否かについて、最も拒否事例が多かったのは電力会社の9団体(照会実績は23件)であり、水道事業者についても7団体が回答を拒否されたとのことであった。

　回答拒否事例のあったとする自治体の都道府県別の所在は以下のとおりである。

　①水道事業者：千葉、福岡(2団体)、滋賀、静岡、岩手、北海道
　②電力会社　：北海道、茨城(2団体)、福井、大阪、福島、秋田、山形
　③ガス事業者：茨城、福井、福島、東京
　④電話会社　：山形

　空家法10条3項により、市区町村長が関係する地方公共団体の長その他の者に対して、空家等の所有者等の把握に関し必要な情報の提供を求めることができるとされており、特に水道事業についてはほとんどが自治体によって経営されているものであり、法律上認められた調査権に対して回答を拒否する姿勢には疑問を感じざるをえない。

【問21】 空家等の所有者等を認定するために照会をしたことがある団体及び照会をしたことがある場合に、それらの団体から回答を拒否された事例の有無

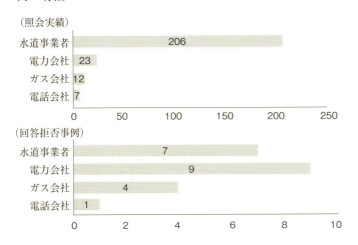

(4) 特定空家の認定状況

回答日時点において、特定空家等の認定をした自治体は、全体の20.9％（105団体）にとどまっている（問22）。

上記の回答を自治体の規模別にみると、指定都市が53％、特別区が33％、中核市が35％、施行時特例市が16％、人口10万人以上の市が14％、人口10万人未満の市が19％、町が9％、村が3％となっており、自治体規模が小さくなるほど認定割合が低くなる傾向があり、小規模自治体にとっては特定空家等の認定業務の実施が困難となっている状況が窺われた。

【問22】 空家法2条2項にいう「特定空家等」として認定した空家等の件数

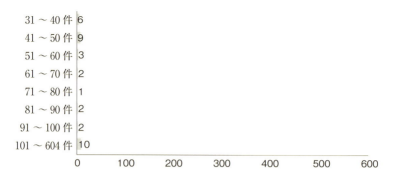

　特定空家等の認定に関与する者（問24）については、各自治体でかなりばらつきがある。「委員会等の合議体」とする自治体が最も多かったが（229団体）、担当職員のみで認定作業を実施することとしている自治体も一定数あった（186団体）。また、認定にあたって弁護士の関与を予定している自治体は50団体にとどまり、調査時点では検討中とする自治体も相当数あった（154団体）。また、自治体規模別では、指定都市と中核市が担当職員のみで認定をしているとする割合が最も高かった。

【問24】　特定空家等の認定に当たって関与する関係者（複数回答）

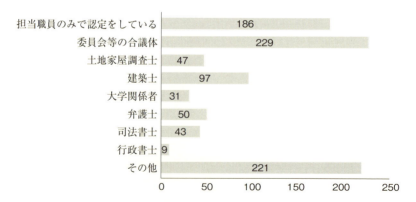

　特定空家等と認定をする前に、空家法上の措置とは別に何らかの措置をとることを予定しているかとの質問（問25）については、半数近い自治体（334団体）においては、特段の措置をとることを予定していないとしているが、

条例、規則あるいは要綱等の一般ルールを定めてそうした措置をとることとしている自治体が 69 団体 (9.8%)、これら一般ルールを定めることを予定している自治体が 125 団体 (17.8%)、個別の行政指導を実施することとしている自治体が同じく 125 団体 (17.8%) となっている。

【問 25】 特定空家等と認定をするに当たって、認定前に空家法上の措置とは別に、何らかの行政上の措置をとるか

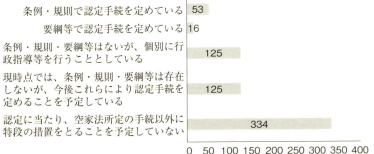

(5) 空家法 14 条 1 項に基づく助言・指導の実績等

特定空家等と認定された空家等について、回答日時点で空家法 14 条 1 項に基づく指導あるいは助言をした自治体 (問 26) は、104 団体であり、特定空家等を認定した自治体 (105 団体) のほとんど全てにおいて指導あるいは助言が実施されていることとなった。

【問 26】 特定空家等と認定された空家等について、回答日現在までに空家法 14 条 1 項に基づく助言・指導を実施した件数

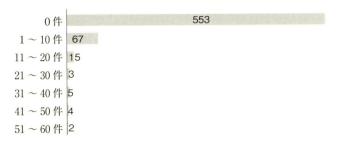

また、特定空家等と認定された後、空家法14条1項に基づく助言あるいは指導を行う前に何らかの行政上の措置を予定しているかどうかについて(問27)、全体の58％（407団体）は、空家法所定の手続以外に特段の措置を予定していないとしているが、条例・規則あるいは要綱によって手続を定めている自治体が6.9％（70団体）、こうした事前手続を定めることを予定している自治体も16.7％（117団体）あった。

【問27】 特定空家等と認定された後、空家法14条1項に基づく助言・指導を行う前に、何らかの行政上の措置を予定しているか

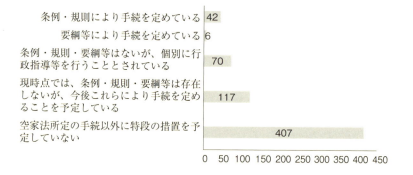

(6) 勧告（空家法14条2項）について

空家法14条2項は、特定空家の所有者等に対する勧告をするための要件として、「なお当該特定空家等の状態が改善されないと認めるとき」と規定している。この要件の適用に当たり、具体的な基準ないし認定手続を定めているか否かについて（問28）、過半数（386団体・55％）の団体は、そうした定めを策定する予定はないとしているが、一定のルール化が既になされている自治体も一定数存在し（59団体・15.1％）、今後手続を定める予定としている自治体も162団体（23.1％）あった。

【問28】 空家法14条2項中、「なお当該特定空家等の状態が改善されないと認めるとき」との要件の適用に当たり、具体的な基準を定めているか

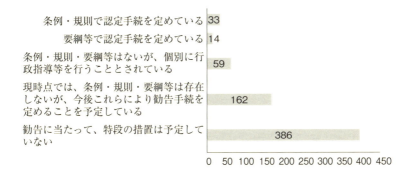

次に、空家法14条2項に定める勧告を発するまでの「相当の猶予」として取る期間（問29）については、多くの自治体（570団体・81.2％）では、特に基準を設けていない。また、猶予期間を設けている自治体は、短期を1か月ないし3か月、長期を3か月ないし6か月程度とする自治体が多かった。

【問29】 空家法14条2項の勧告を発するに当たって、「相当の猶予」をどの程度の期間としているか

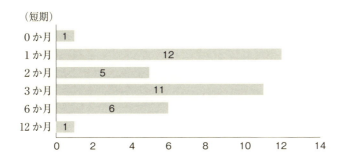

第3章　自治体は空き家問題をどうとらえているか　77

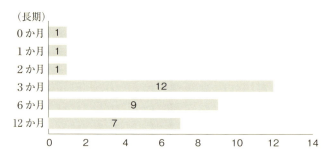

　また、空家法14条2項により所有者等に対し勧告がされた特定空家等については、住宅用地に対する固定資産税の課税標準の特例に関する規定が適用されないこととなる（地方税法349条の3の2第1項）。そのため、空家法14条2項に定める勧告を発するまでの猶予期間中に、固定資産税の賦課期日が含まれることとなってしまう可能性がある場合に、猶予期間中に賦課期日を含めないよう勧告の時期を調整する、あるいは調整を予定している自治体が124団体（17.7％）あるが、多くの自治体においては特段の措置をとることなく勧告を発することとしている（問30）。

　もっとも、この設問については、自治体の規模により有意の差があり、一般に固定資産評価額が高く、住宅特例適用の適否による影響が大きい大規模自治体ほど猶予期間内に固定資産税の賦課期日が含まれないよう勧告をすることを予定している。指定都市は高い割合（9団体・53％）でこうした配慮を行うこととしており、逆に村でこのような措置を予定している自治体は5％（2団体）にとどまる結果となった。

【問30】　空家法14条2項の勧告を発する場合に設ける猶予期間内に、当該特定空家等に課税される固定資産税の賦課期日（毎年1月1日）が含まれることになる場合に予定される措置

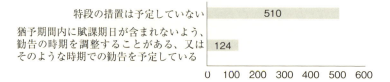

上記のとおり、空家法14条2項に定める勧告は、固定資産税に係る住宅用地特例の適用除外という法的効果をもたらす。しかしながら、こうした事情を考慮して勧告を控える可能性があるとする地方公共団体は比較的少数にとどまっている（78団体・問31）。

　また、前問と異なり、自治体の規模による乖離がそれほど大きいとはいえず、最も割合の高い中核市において18％、最も割合の低い村において10％であった。

【問31】　空家法14条2項に規定する勧告をするに際し、固定資産税の住宅用地特例の適用が除外されることを考慮して同項所定の勧告を控えることがあるか

　空家法14条2項に定める勧告をする場合において、同項所定の要件以外に考慮する要件の有無について、ほとんどの自治体は「ない」との回答であったが（589団体）、周辺への影響の度合い等を考慮するとしている自治体（15団体）を含め合計43団体が、法14条2項所定の要件以外の事情を考慮するとの回答であった（問32）。

【問32】　空家法14条2項に定める勧告に当たり、指導・助言の不遵守及び問31の事情のほかに考慮する要件の有無

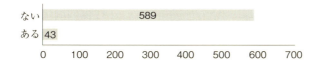

第3章　自治体は空き家問題をどうとらえているか　79

この場合に考慮する要件としては、特定空家等の所有者等の意見や資力等（12団体）、周辺への影響あるいは危険性等（12団体）と回答した自治体が多かった。
　特定空家等について、回答日時点で勧告を発したことがある自治体はなお少数にとどまっているが（24団体）、合計10棟の特定空家等に対して勧告を発したとする自治体が1団体あった（問33）。

【問33】　空家法施行後、回答日現在までに空家法14条2項勧告を発した特定空家等の数

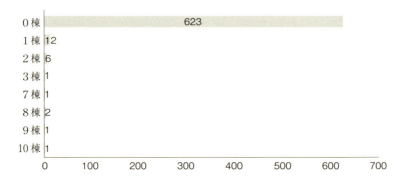

　また、勧告を発した特定空家等に対し、再度の勧告を発した特定空家等の有無及びその回数について質問したところ、2団体がそれぞれ1棟について各2回、1団体については1棟について合計5回の再勧告をしたケースがあった（問34・35）。

【問34】　空家法14条2項に定める勧告を発した特定空家等について、重ねて勧告（再勧告）をした特定空家等の数

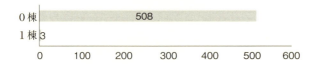

【問35】 再勧告をした特定空家等のうち、最も回数が多い特定空家等に対する再勧告の回数

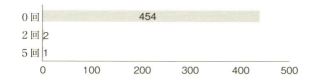

(7) 命令（空家法14条3項）について

回答日現在までに、空家法14条3項に定める命令を発した特定空家があるかどうかの質問について、3団体が1棟と回答し、1団体が2棟と回答した（問36）。

【問36】 回答日現在までに、空家法14条2項に定める勧告を発した後、同条3項に定める命令を発した特定空家等の合計数

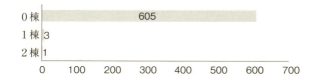

そして、同法14条2項に定める勧告を発した後、前記の命令を発しないまま期間経過した特定空家等、あるいは命令を発するまでに時間を要した特定空家等があるか否かについて、最も長い期間が経過している特定空家等は、12か月であるとの回答であった（問37）。

【問37】 空家法14条2項に基づく勧告の後、同条3項に基づく命令を発していない特定空家等がある場合、勧告を発令した後の経過期間として最も長いもの

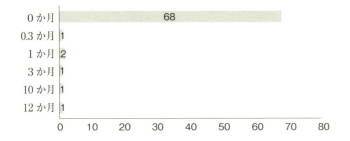

(8) 代執行、即時執行について

　空家法所定の勧告、命令等を発する暇のない危険が切迫している空き家に予定する空家法以外の措置として、建築基準法に基づく除却命令を発するとしている自治体は 117 団体、条例上即時執行に関する規定を置いているとする自治体は 78 団体、即時執行に関する規定を条例上整備する予定があるとしている自治体は 69 団体であり、そのほか、条例、規則あるいは要綱により、緊急安全措置等をとることとしている自治体も一定数あった（25 団体）。半数近くの自治体は、特段の措置をとる予定がないとしている（331 団体）。

　また、対応措置として建築基準法に基づく除却命令と回答した自治体の中には、ほかに条例に基づく緊急安全措置を挙げる自治体、道路法、災害対策基本法などの法令を活用するとしたところもあった（以上問 38）。

【問 38】　特定空家等に該当する建築物や工作物について倒壊や建材崩落などの危険が切迫しているような場合に備えて、とることを予定している対応

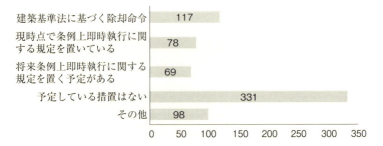

次に、回答日時点において、空家法14条9項に基づく代執行を実施したことがあるとする自治体はわずかであって、除却の実績がある自治体が3団体（各1棟）、除却、修繕あるいは立木竹の伐採以外の措置をとったとする自治体が1団体（1棟）であった（問39）。

【問39】　特定空家等に対し空家法14条9項に基づいて行政代執行を実施した実績の有無及びその内容

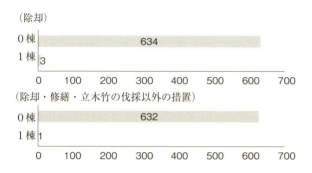

　特定空家等に対する、いわゆる略式代執行（空家法14条10項）の実績は（問40）、代執行の場合（同条9項）よりも多く、除却の実績がある自治体が10団体（最大4棟）、修繕については2団体、立木竹の伐採については2団体、前記以外の措置については3団体にそれぞれ実績があるとの回答であった。

【問40】　特定空家等に対する略式代執行を実施した実績の有無及びその内容

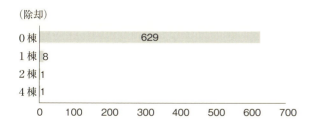

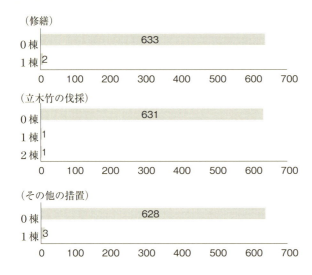

　上記のとおり、実際に認定した特定空家等の数と、代執行・略式代執行の阻害要因(複数回答)として、特段存在しないとする自治体は11団体のみであり、阻害要因として挙げられる回答のうち最も多かったのが「代執行費用の回収の見込みが低いこと」(574団体)であり、執行費用が高額となること(373団体)とともに、自治体の財政負担を懸念する回答が多かった。そのほか、知識・経験が不十分であること(合計762団体)、人手不足(320団体)、空き家所有者とのトラブルのおそれ(334団体)等も多くの自治体が阻害要因として挙げている(問41)。

【問41】 特定空家等に対する行政代執行・略式代執行の実施を躊躇させる要素(複数回答)

(9) 空家等対策計画（空家法6条）について

　回答日時点において、空家法6条に定める空家等対策計画を策定していた自治体は58団体（8.3％）であり、策定を予定している自治体を含めると全体の85.6％で空家等対策計画が策定されることになる（問42）。これらを自治体の規模別でみると、空家等対策計画の具体化の程度は、規模の大きい自治体ほど進んでいると評価することができる。また、同計画の策定予定はないとする自治体の割合は、特別区において高く（17％）、また町村等、比較的規模の小さい自治体の方が高い傾向にあった（町について25％、村について18％）。

【問42】　空家等対策計画（空家法6条）の有無あるいは策定予定

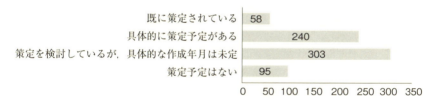

　自治体が空家等対策計画を策定するに至った理由として複数回答方式にて回答を求めたところ（問43）、「自治体として空き家政策を明確にした上でこれを推進できるから」とする自治体が最も多かったものの（490団体）、補助金の交付を受けることを目的としている自治体（298団体）、あるいは国からの通知等によって事実上策定を求められていることを挙げる自治体（167団体）も多かった。また、指定都市を除く市については、補助金の獲得を目的として挙げる自治体が、概ね50％を超えていたほか、「県から策定を求めら

れた」とする自治体があった（1団体）。

【問43】 空家等対策計画を策定した、又は策定を予定している理由（複数回答）

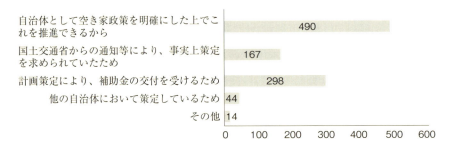

逆に、空家等対策計画の策定を予定していない自治体についてその理由を複数回答で尋ねたところ（問44）、予算の確保が困難であること、空家法所定の項目に従った計画を立てる必要がないこと、そもそも同計画策定の必要はないと判断していることを挙げた自治体がほぼ同数であった（それぞれ29団体、30団体、33団体）。もっとも、自治体規模別にみた場合には、その要因に若干のばらつきが認められ、特に町において、予算の確保が困難であることを挙げる自治体が多かった。

【問44】 空家等対策計画の策定を予定しない理由（複数回答）

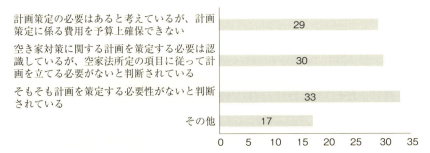

(10) 協議会について

空家法7条所定の協議会の設置状況（問45）については、既に設置済みの

自治体が139団体（19.8％）、時期未定を含め、設置予定があるとしている自治体が349団体あるものの、回答日時点において設置予定がないとしている自治体も210団体（29.9％）あった。

自治体の規模別にみると、特別区及び規模の大きな自治体において「設置予定はない」とする回答が多く（特別区について75％、指定都市において47％）、町村では設置予定があるものの、設置年月が定まっていないとする自治体が多い結果となった（町について48％、村について49％）。

また、指定都市については、回答のあった17団体のうち、既に法定の協議会等を設置済みとする自治体も7団体あり、対応が二極化している状況が窺えた。

回答日時点において、具体的な設置予定年月を決めている自治体については、概ね平成29年度上半期までに設置を終えることとしているようである。

【問45】 協議会（空家法7条）を設置しているか、あるいは設置予定があるか

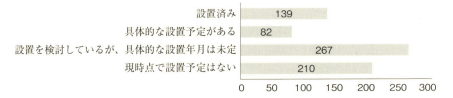

空家法7条所定の協議会を設置しないこととしている理由を複数回答で尋ねたところ（問46）、そもそも空家等対策計画の策定を予定していないことを挙げた自治体が最も多く（69団体）、次に同計画の作成等について、協議会を設置することなく自治体職員のみで行うことを理由としている自治体が41団体、空家法所定の協議会とは別に、類似の組織を設置しているとした自治体が40団体（県単位で設置されている協議会に参加していると回答した4団体を含む）、市町村長の参加が義務付けられていることを理由とする自治体が26団体であった。また、空家法施行後もなお、同法所定の協議会ではなく、別途の類似組織の設置を検討している自治体もあった（6団体）。

協議会の構成員に市長村長が含まれていることが、協議会設置の障害となる可能性があると思われていたところであるが、空家法所定の協議会を設置する予定としている自治体が相当程度あることから、この点が必ずしも障害になっているわけではないようである。

【問46】 協議会（空家法7条）を設置しない理由（複数回答）

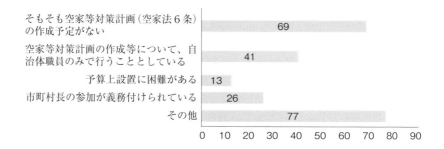

9. 空家法の有用性について

空家法施行により自治体に加わった事務として担当者の負担感の強いものについて、各自治体に3つまで順位を付した選択式で回答を求めた（問47）。
その結果、第1順位として選択した自治体の順では、①空家等の認定作業（第1順位とした自治体188団体、第2順位とした自治体89団体、第3順位とした自治体64団体）、②空家等対策計画の策定事務（第1順位とした自治体146団体、第2順位とした自治体107団体、第3順位とした自治体107団体）、③特定空家等の認定作業（第1順位とした自治体82団体、第2順位とした自治体132団体、第3順位とした自治体81団体）、等であった。
またその他にも、④空家法の趣旨を必ずしも正解していない住民への説明（第1順位とした自治体93団体、第2順位とした自治体86団体、第3順位とした自治体100団体）、⑤苦情や相談への対応（第1順位とした自治体45団体、第2順位とした自治体62団体、第3順位とした自治体52団体）、⑥空家等の所有者の探索を含む所有者の特定（第1順位とした自治体22団体、第2順位とした自治体3

団体、第3順位とした自治体3団体)を挙げた団体も多かった。

また、第1順位から第3順位までで回答のあった選択肢のうち、合計数が多いものは、順に①空家等対策計画の策定事務、②空家等の認定作業、③特定空家等の認定作業、④空家法の趣旨を必ずしも正解していない住民への説明となっていた。

さらに、第1順位で「特になし」と回答した自治体は、35団体(5.0%)であった。

【問47】 空家法施行により加わった事務として、担当者において事務量が多いと感じるもの

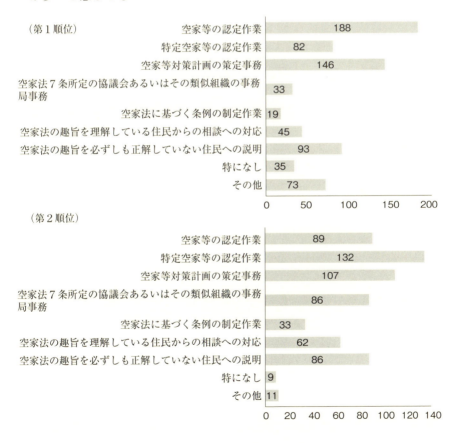

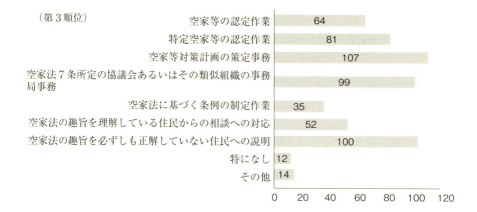

　本問の回答について、自治体規模別の特徴としては以下のようなものを挙げることができる。

　「空家法の趣旨を必ずしも正解していない住民への説明」に負担を感じている自治体の割合は、周知のツールが豊富と考えられる市において高く、施行時特例市では合計で68％（13団体）となり、最低でも人口10万人未満の市の49％となっている（なお、町については23％、村については31％）。空家法に基づく事務について、住民との相互理解が必ずしもできていない状況がうかがわれる。

　「特定空家等の認定作業」を負担とする自治体の割合は、特に指定都市について高かった（82％・14団体）。これに対し、「空家等の認定作業」そのものを負担と感じている自治体は、特に小規模なところについて割合が高かった。差異の原因は、自治体規模ごとの認定作業の進度によるものと思われ、今後小規模自治体で特定空家等の認定が進んでいくと、回答内容は変わってくるものと考えられる。

　合計数において最も負担感が高いとされる空家等対策計画の策定事務については、指定都市において特に割合が高かった（82％・14団体）。

　さらに、地域別の特徴は以下のとおりであった。

　空家等の認定作業に負担感があるとする自治体は北海道地方（合計56.6％）、中部地方（55.7％）、沖縄地方（66.7％）等が特に高かった。

特定空家等の認定作業への負担感は、特に北陸地方において強いようである（62.9％）。

空家等対策計画の策定事務に負担を覚えている自治体が多いのは、四国地方（61.3％）、九州地方（59.5％）、沖縄地方（66.7％）等となっていた。

空家法の趣旨を必ずしも正解していない住民への説明について負担感があるとする自治体は、北陸地方において特に高かった（60.0％）。

10. 空家法の必要性

各自治体の実情から見て、空家法の制定が必要であったかどうかとの質問（問48）について、「必要であった」と回答をした自治体は420団体（59.8％）にとどまり、「必ずしも必要ではなかった」と回答のあった自治体は268団体（37.5％）、さらに「全く必要なかった」と回答のあった自治体の回答も10団体（1.4％）あった。

このうち、「必ずしも必要ではなかった」との回答をした自治体を規模別にみると、村（56.4％・22団体）が特に高く、特例市を除いては、ほぼ30％を超えている。

その原因について、回答日現在における条例の制定状況（問4）との関連性、あるいは事務負担（問47）との関連性があるか否かを検討したものの、空家法の必要性を否定的に捉えるような要因を明確に見出すことはできなかった。

【問48】 空家法制定の必要性

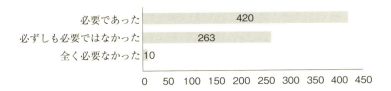

11. 空き家対策に関する支援・連携について

（1）国に期待する支援の内容 (問 49)

　空き家対策について、国に期待する支援の内容（複数回答）としては、当然のことながら財政的支援を求める自治体（573団体・81.6%）が多かったものの、相続人のいない財産の国庫帰属に関する関連民事法の整備（524団体・74.6%）、不在者財産管理人・相続財産管理人の申立てに関する関連民事法の整備（478団体・68.1%）も相当数の自治体が挙げており、空き家施策を実効化するために法的基盤の整備が必要であるとの意見が多く挙げられていた。

　空き家対策として相続財産管理人あるいは不在者財産管理人の選任を求めようとする場合、民法上要求される「利害関係」（同法25条、952条）の解釈にもよるが、空き家対策自体を理由に市町村による申立てが認められた事案はごく少数にとどまり、主として固定資産税の滞納を申立理由とすることが多く（ただし、特別区は固定資産税の賦課徴収権がないため、申立理由とすることはできない）、このような利害関係が認められない場合には、検察官を通じて選任申立てを行うことになる。市町村長に直接、選任申立権を認めることが、円滑な相続財産処理に資するとの認識が、上記の回答からうかがわれる。

　これらのほかにも、空家等の所有者把握のため、相続発生後に権限関係が明確となるような不動産登記法の整備、相隣関係・所有権の範囲（土地所有者に建物管理責任を負わせる等）に関する民法規定の整備・改正、税制の改正・整備等による空き家発生要因の除去が挙げられた。

　自治体の規模別でみると、特別区を除き、財政的支援に対する要望は強い。また、相続人のいない財産の国庫帰属に関する関連民事法の整備については、町村よりも市部において特に要望が強い傾向にある。

【問49】 空家法の施行について、国に対して期待する支援（複数回答）

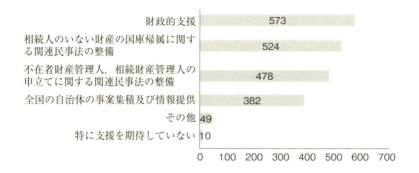

(2) 都道府県に期待する支援の内容（問50）

　都道府県に対する支援として期待されるものは、国と同様に財政的援助が最も多く（308団体・43.9％）、これに次いで、「都道府県内の各自治体の事案集積及び情報提供」を期待する自治体が多かった（223団体・31.8％）。

　これに対し、建築専門家等の紹介・派遣等の人的支援を挙げた自治体は必ずしも多くはなかった（126団体・17.9％）。人的支援ニーズについて自治体規模別にみると、町村ではある程度ニーズがあるようであるが（町について26.2％、村について30.8％）、規模の大きな市になるに従いニーズは減少し、指定都市及び施行時特例市では0団体であった。

【問50】 空家法の施行について、都道府県に対して期待する支援（複数回答）

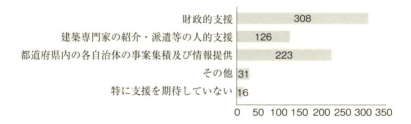

第3章　自治体は空き家問題をどうとらえているか　93

(3) 弁護士又は弁護士会の関与が期待される分野 (問51)

自治体が期待する、弁護士による空き家対策への関与の形態としては、財産管理人選任申立て等の民事手続のサポートが最も多く (584団体)、次に多かったのは協議会等への参加 (436団体) であった。

地域別でみても、上記民事手続のサポートに対するニーズは、ほぼ80％を超えており、沖縄地方については、回答のあった6団体全てで弁護士が関与する意義があるとしている。

空家等対策計画の策定への関与の有用性を指摘する自治体が多いのは、中国地方であった (15団体・40.5％)。また、中国地方では、全体として空き家問題に弁護士が関与することに意義があるとする自治体が多かった。

空家法7条所定の協議会あるいは類似組織への参加が有用であるとの認識を有している自治体は、関東地方において多かった (125団体・70.6％)。この点に関し、有用であるとの回答割合が最も低かったのは北海道地方であるが、47％ (39団体) の自治体は、有用であるとの回答をしている。

【問51】 空き家対策について、弁護士又は弁護士会が関与する意義があると考えられる分野 (複数回答)

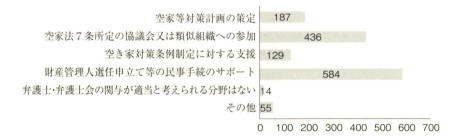

(4) まちづくりに関する活動への第三セクターの関与 (問52)

空き家対策の実施にあたって第三セクターを活用してのまちづくりに関する啓発活動・相談活動については、既に活用している自治体は69団体 (9.8％) であり、必要性を認識しつつも検討段階に至っていないとする自治体が多数

(335団体）であった。

　指定都市では「活用の必要性そのものについて検討をしている」と回答をした自治体（50%)、あるいはそのような体制は不要と判断されている（41.7%）と回答した自治体が特に多く、どちらかというと指定市においては、まちづくりの視点からの空き家対策について、自治体独自で進めようとする傾向が強い。

【問52】　まちづくりに関する啓発活動・相談活動等を行うまちづくりセンター、あるいは空き家バンク等の第三セクターの活用に関する状況

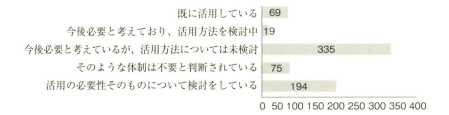

(5) 空き家問題を取り扱っている組織に対する知見 （問54）

　空き家問題を取り扱っている自治体周辺のＮＰＯ等の組織を把握している自治体は全体では202団体（28.8%）であった。

　自治体規模による認識率の差は大きく、指定都市では82.4%（14団体）がＮＰＯ等を知っていると回答したが、町では18.5%、村では10.3%にとどまっている。また、過半数の自治体が知っているとの回答となったのは、施行時特例市以上の自治体であった。

【問54】　近隣にある空き家問題を取り扱っているＮＰＯなどの組織の存在把握状況

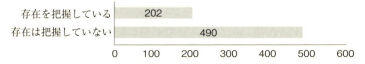

(6) 自治会との連携 (問55)

　自治会は、構成する世帯の情報について相応の情報を有していることから、空き家対策の実施にあたって有用な連携先と考えられる。情報提供、あるいは空家等の見回りについて、既に連携している自治体（それぞれ362団体、57団体）があるものの、特段の連携が実施されていない自治体も多くみられた（286団体）。

　自治会による空き家の見回りについては、人口10万人未満の市（17団体・7.0％）、及び町（27団体・10.9％）において比較的多く行われている。

【問55】 空き家対策における自治会との連携状況

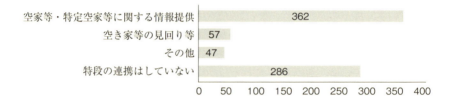

(7) 外部組織等との連携 (問56)

　庁内組織以外の地元業者や専門家等との連携体制の整備状況については、約半数（347団体・49.4％）が、連携体制整備の必要性そのものを検討しているとの回答であった。

　これを自治体規模別にみると、大規模自治体ほど検討そのものは終了しており、連携体制へ移行し、あるいはしつつある団体が多くなっている。例えば指定都市では、既に連携体制ができているとの回答があった自治体が29.4％（5団体）、連携体制を作りつつある、あるいは整備を進める予定があるとした自治体が合計で52.9％（9団体）であった。これに対し、町では、連携の必要性について検討段階にあるとの回答が56.0％（139団体）を占め、連携に向けた整備が進められているとする自治体は、合計で32.7％（81団体）であった。

　小規模な自治体の中には、連携体制そのものが不要と判断しているところ

も一定数あるものの、全体の傾向としては今後連携体制の構築が進められていくものと考えられる。

【問56】 空家法7条に定める協議会又は類似の庁内組織とは別に、空き家対策について地元業者や専門家（弁護士、司法書士、建築士、不動産業者等）との連携体制を整備し、又は連携を検討しているか

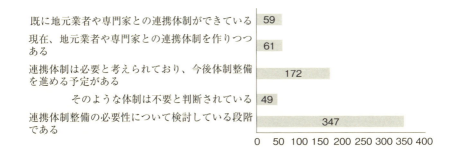

12. 総　括

(1) 自治体の空き家対策の現状

　空家法に基づく空き家対策については、当該事務を扱う部署の専任担当者を置いている団体が半数に達していない状態にあり、結果的に専任担当者を置いている自治体数と空家等の認定実績のある自治体数とは、ほぼ同程度であった。特定空家等の認定については、全体の2割程度の自治体が認定をしているにとどまり、その後に続く助言・指導、勧告、命令等に至った自治体は、いまだ少数である。

　空家法は、特定空家等に対する行政代執行を認めているものの、その費用等が回収できない場合、これを当該執行を実施した自治体が負担せざるを得ず、自治体の負担感も強く、自治体において行政代執行の実施を躊躇させている要因となっている。

（2）空家法の有用性について

　空家法そのものについては、自治体としては、その必要性があまり感じられないと受け止められていると考えられる。

　これには、以下のような原因が考えられる。

①基本指針あるいはガイドラインの運用上の問題点があること

②空家法7条に定める協議会が必ずしも必要と考えられていないこと

③自治体が、そもそも法律により対処すべき問題と考えていなかったこと

④空き家対策に積極的でなかった自治体において、事務負担が増えること

⑤空き家対策を進めていた自治体において、空家法所定の事務が増加すること

⑥既に自治体独自で進めていた空き家対策との抵触があること

　なお、空家法の制定により、空家等の認定において、固定資産税情報を利用することができるようになったと考える自治体は、当該情報を積極的に利用している実態があるようである。

　今回のアンケートでは、基本指針・ガイドラインの適用上問題を感じている自治体が相当数あること、将来にわたって空家法7条所定の協議会を設置する予定がないと回答した地方公共団体が3割近くに上ること、空家法適用の前提となる空家等あるいは特定空家等の認定作業に係る事務が相当の負担となっていること、及び空家法に先行して制定されていた条例があった自治体の多くが、当該条例を改正することとなったこと等が明らかになった。

　また、空家法の制定の動きが出たことによって、独自で空き家施策を進めようとしていた多くの自治体が、立法の推移を見守る状態となったことも、アンケート結果から明らかになっている。その後、空家法では十分対応できないことから、独自の条例制定を行って対応している自治体も数多くあることも明らかになった。

（3）まちづくりの観点からの空き家対策について

　まちづくり・都市計画の視点を持って空き家対策を実施しているとの回答は、約半数の自治体から寄せられている。こうした自治体においては、老朽

家屋対策担当部署と同一の部署が利活用等を行ったり、両部署の連携体制を構築しているところが比較的多いようである。しかしながら、第三セクター、ＮＰＯ等外部組織との連携は、その必要性についての認識はあるものの、現実の連携はこれから構築されていくことになるものと考えられる。

（4）弁護士あるいは弁護士会の関与の有用性

　自治体として、空き家対策への弁護士の関与が有用であると考えている分野は、主に相続財産管理人・不在者財産管理人選任手続のサポート等、民事手続を通じた支援であり、協議会等への参加がこれに続いている。前者の有用性については高く評価されているようである。

第4章　パネルディスカッション

空き家の解消のために、
　いま必要な取り組みは何か

パネリスト

小島 延夫
弁護士（東京弁護士会所属）、
早稲田大学大学院法務研究科教授

日弁連では、公害対策・環境保全委員会委員。弁護士として、マンション建設による景観破壊や日照侵害の問題、文化財建造物保存、まちづくりなどの問題に取り組む。広島県尾道の空き家再生プロジェクトを視察。

北村 喜宣
上智大学法学部教授

空き家条例制定自治体の調査やコンサルティングを数多く行う。『空き家対策の実務』（共著、有斐閣）2016年、『空き家問題解決のための政策法務』（第一法規）2018年。

伊藤 義文
弁護士（千葉県弁護士会所属）

顧問先自治体の相談等を通じて、空き家問題に関与。空き家の利活用への取り組み（谷中等）を視察。日弁連では、法律サービス展開本部自治体等連携センター委員、所有者不明土地問題等ワーキンググループ委員。

田處 博之
札幌学院大学法学部教授

不動産の国庫帰属について全国の財務局等に調査した成果の一部として、「不動産所有権の放棄と国庫帰属――各地の財務局への情報公開請求からみえてきたもの」『札幌学院法学』34巻1号（2017年）1～51頁。

コーディネイター

幸田 雅治
弁護士（第二東京弁護士会所属）、神奈川大学法学部教授

日弁連では、法律サービス展開本部自治体等連携センター条例部会長、公害対策・環境保全委員会委員、所有者不明土地問題等ワーキンググループ委員。全国空き家対策推進協議会所有者特定・財産管理制度部会協力会員（有識者）。空き家対策条例制定自治体の調査を行うとともに、空き家再生の取り組み（尾道、谷中など）を視察。

1. 空き家の適正管理をどうしていくべきか

自治体ごとに空き家対策条例の制定を

幸田　空き家の適正管理、つまり老朽化した家屋・空き家、倒壊のおそれのある家について周辺住民に悪影響を及ぼすため、それにどう対応するかということについては、自治体において、かなり数多くの条例が制定されました。その後、空家法が制定されましたが、法律制定後も、条例が地域の実情に応じて制定されているという状況にあります。自治体としては、どのようなスタンスで空き家に対応していくべきかという点について、まず伊藤さんからお願いします。

伊藤　空き家問題に関する日弁連の全国実態調査によれば、各自治体が定めている条例では、緊急安全措置、あるいは代行措置等の規定が多く見られました。空家法では、自治体が空き家に何らか直接の措置をとるためには、空家等の認定をまずやる。特定空家等の認定をやる。さらに指導・勧告・命令をやる。かなり重層的な措置が求められていますが、自治体としては、目の前に危機的状況がありますので、それをすぐにでも何とかしたいという状況があるのだろうと思われます。

　ご案内のとおり、空き家対策について法律ができたといっても、その分野に関する条例を制定することができないわけではないです。法律と条例の関係については、徳島市公安条例事件についての最高裁判決がありますので、自治体の実情に応じて独自に規制を課す、これを幅広く認めるという考え方をとることは十分可能であると思われます。

　空き家対策というのは、財産権規制が伴うことがあるので、条例の制定がどうしても必要になるとは思いますが、市町村としては、それぞれの地域の実情に応じた空き家対策を進めるために、こうした空き家対策条例を制定していくべきではないかと考えています。

幸田　ありがとうございます。おっしゃるとおり、空き家対策のうち、条例あるいは法律が主として対象としている、老朽化した家屋の適正管理ある

いは撤去という事柄は、地域の実情を踏まえて条例で対処していくことが可能な分野であるということがいえますので、現に自治体が条例制定で対処してきました。したがって、これらの条例をコピペして全国一律の使いにくい法律を制定するという必要性は全くなかったといえると思います。地方分権の観点からも極めて問題だと言わざるを得ないと思いますが、その点はまずはおくとして、空家法、それから空き家対策条例における保護法益について最初に取り上げます。

空き家対策の保護法益

幸田 周辺住民の環境への悪影響という意味では、生命・身体・財産の保護というものがあると思います。その場合に、人が住んでいないといえども、空き家は所有権との関係がありますので、それをどの程度まで考慮すべきかという点があろうかと思います。この点について、小島さん、いかがでしょうか。

小島 財産権といいましても、土地や建物といった不動産の場合は、そもそも日照や通風の問題を生じたり、景観の問題を生じたりします。そういう意味で社会的な性質をおのずから持っています。ですから、日本の民法でも、そのモデルとなったフランスやドイツの民法でも、一定の制約があるというのは当然だとされてきました。また、不動産というのは長い年月の間、存在しますので、その間のひとときの所有者の意思で、そのあり方を決定してしまってよいのかという問題もあります。不動産の所有権はそのような性質を持っていますので、周辺に悪影響を及ぼす場合にはそれを防ぐということは内在的制約として当然だと思われます。この点は、ヨーロッパでは今日でも当然と受けとめられていますので、日本ではやや不動産の財産権を過度に強調し過ぎているという側面があるのではないかと思います。

幸田 北村さん、空き家の所有者の財産権をどの程度まで考慮すべきかという点に関する空家特措法の考え方について、ご意見をいただけますか。

北村 特別措置法という名称ですが、これは、何らかの法律があって、その特別措置を講じていることを意味します。空家法の場合は複数の法律が関

係いたしますが、その一つは建築基準法です。空き家と申しましても、建築物、工作物ですから、当然この法律との関係は強く出ます。

ところが、この建築基準法は、そこに人が住んでいようが、住んでいまいが、特に関係なくその構造を問題にするということになっています。財産権というお話がありました。憲法29条1項に「財産権はこれを侵してはならない」とありますから、それなりの尊重が必要になります。しかし、相当に老朽化して管理が不十分であるがゆえにご近所等に迷惑をかけている財産であるとなってまいりますと、建築基準法ほどには尊重する必要はないのではないかという気がします。ところが空家法には、相当程度、建築基準法を踏まえた重厚な手続を規定している部分があり、これが現場におけるフットワークの軽さを阻害している面があるという印象を持っています。

幸田　ありがとうございます。保護法益ということを申し上げましたが、法律では防災あるいは衛生面以外に景観というものも目的規定に入っています。景観面から法律あるいは条例を適用する場合に、自治体はどのように対応すべきかという点について、小島さん、いかがでしょうか。

小島　景観面では二つの問題があると思います。一つは、防災上や衛生上の問題がないのに、景観上、問題があるということだけで自治体が独自に条例で除去を命ずることができるかという問題です。もう一つの問題は、逆に景観上、残したい建物が空き家となって壊されるのをどうしたらよいかという問題です。

第1の問題については、景観というものがそれぞれの価値観によって異なるという側面を持っているということをどのように考えるかということになってくると思います。この点を機能させるためには、おそらく条例で定めるということだけではだめで、景観法に基づく景観計画や景観区域・景観地区の定めをして、その地域の景観基準というものを具体的にルールとして定めていくことが必要になると思います。

また、それを具体的にどういうふうに運用していくのかを決める組織・体制といったものをきちんと規定していくことが必要になってくると思います。逆に言えば、そういったルールをつくり、それを定めていく体制を整備して

いけば、条例で景観を理由として空き家の撤去等をしていくことも可能だと思います。

第2の問題点も同じようなことですが、残したい建物については、景観計画や景観地区だけではなくて、例えば景観法の中に景観重要建築物などの個別指定をするという制度があります。こういう制度を利用して、さらに固定資産税の減免措置などをして、そういった建物を保護していく措置をとるといったことが必要になると思います。

幸田　今の小島さんの指摘あるいは説明に対して、北村さん、いかがでしょうか。

北村　空家法は、生命・身体・財産の保護と並んで、景観保全を保護法益に含めています。14条1項の条文をよく見ていただくと、景観保全を理由として除却は指導できないと規定されています。保安上の危険とか衛生上の問題であるとか、そういったことであれば除却までも命じるのですが、景観となってきますと、ここまではできないというバランス感覚なのですね。生命・身体であるとか保安になりますと、絶対的な価値ですから、除却までいくことはあるかもしれませんが、景観となると、やや「人の好み」に左右されますから、行政の強権を発動するのはちょっと無理だという判断がされたのでしょう。

もっとも、景観というのは人の好みではあるものの、先ほど小島さんのお話にもありましたとおり、例えば景観法の景観計画区域に入っているとか、景観地区に入っているとか、その自治体の中で「特にここは厳しく保全すべきエリアですよ」となってくると、一般的にはそれほど重要ではないという景観の価値が、そこにおいてはグッと上がり、生命・身体に近くなってくるということがあろうかと思います。私自身はそういうようなところにおける特定空家等というものについては、踏み込んで除却なりの指導はあり得ると考えています。やや地域の特性に無遠慮な仕組みがつくられている点に、この法律の一つの限界を指摘することができるのではないかと思います。

空き家所有者の探索と相続財産管理人制度

幸田 ありがとうございます。私も全国のいろいろな自治体を訪問して、空き家担当者から空き家対策についての取り組みの話を20か所ぐらいで聞いてきましたが、空き家の所有者を捜すのが大変である、あるいは、空き家の所有者が死亡した場合の相続人不在の場合の対応といった、いわゆる所有者に関する諸問題についての法律関係、それから実務での取扱いというのが一つの大きな問題として意識されているところです。

この点について、田處さんから詳しくご説明いただけますか。

田處 私は大学の教員ですので、実務にかかわっているわけではありません。したがって、今お尋ねの空き家の所有者をどう探すかということについても、「聞いたりしているところによるならば」ということでしかお話しできないのですが、一つには近隣の住民等からヒアリングをするというのが大きな柱になります。あとは、不動産登記簿であるとか、固定資産税の課税台帳、住民票、戸籍といった各種の情報から探り当てていくということがなされているようです。

今、幸田さんからお話がありましたように、頑張って所有者がどこのどなたであるという氏名なり住所なりが特定できても、既に死亡しているということが判明した場合には、今度はその相続人を探し出していくという作業が必要になります。これも、死亡した所有者なり親の戸籍情報から相続人の有無を調べて、そうやって相続人を特定することができれば、その者の住所などを住民票や戸籍の行政情報に基づいて確認するということがなされているようです。

問題は、相続人が特定できないとか、相続人が誰それと判明しても、生きているのか亡くなっているのかもわからない、あるいはどこにいるのか所在がわからないというケースです。逆に、相続人全員が相続放棄している、あるいはもともと身寄りがないということで、相続人が存在しないということが明らかであるというケースもあり得ます。そういう場合は、所有者を確認することができないということで、空家法の14条10項に略式代執行の規定がおかれていますので、それをするかどうかということの検討を市町村で行

うことになります。

　略式代執行は、そうした場合ですから、相続人がわからないままに終わるケースがほとんどかと思います。そうすると、結局、費用が徴収できないことになりますが、仮にその後、相続人が明らかになった場合は、その者から費用を徴収するということになります。その点、法的には民事訴訟法によらなければならないのかは、議論があるようです。この点は、北村さんが2016（平成28）年刊行の『自治研究』の中で論じていらっしゃいますので、後ほど補足いただけると思います。

　もし、先ほど申したように相続人が全員、相続放棄して相続人が存在しないのであれば、もう一つ、相続人不存在として、民法で相続財産の管理人制度というのがあります。これを利用することも一つの方策としてあり得ます。

　なお、細かい話になりますが、戸籍上、相続人が存在するけれども、その相続人が所在不明であるとか生死不明という場合には、相続財産管理人制度ではなくて、不在者財産管理人制度、これは民法25条以下に規定されていますので、そちらを利用することになります。

　とりあえず相続人が不存在であるというケースをご紹介することにしますが、この場合については、民法951条に、当然に相続財産が法人となるという規定がおかれています。したがって、空き家はどうなるのかということでいえば、その答えとしては、相続財産法人が空き家の所有者であるということになります。

　ただ、「法人となる」といっても、実際に法人に手足があるわけではありませんので、誰が崩れかけた家などを手当てしてくれるのかという問題があります。その手足については「管理人」というものが選ばれることになっていますが、管理人が選任されない以上は、実際に管理されるということにはなりません。

　では、その管理人はどうやって選任されてくるのか。952条という民法の規定があり、前条の場合には家庭裁判所で相続財産の管理人を選任するということになっていますが、その条文にもあるように、当然に家庭裁判所で選任してくれるわけではなくて、利害関係人または検察官の請求があって初め

て選任してくれることになります。そういう意味では、誰かが管理人の選任を家庭裁判所に対して申立てるというアクションが必要になります。

あわせて、選任を請求するについては、予納金ということで、これからかかる費用の概算額は家裁によって違いがあるようですが、概ね数十万円から100万円程度を納めなければなりません。

そうやって管理人が選任されれば、その管理人が空き家の管理に責任を持つことになります。管理人ですので管理行為しかできません。空家法の14条2項にいろいろな措置が規定されていますが、修繕などは管理行為ですからよいのですが、除却ということになりますと処分行為ですので、当然にはできないということです。

ただ、それも「権限外行為許可の審判」というのがあり、これを家庭裁判所で出してもらえば、処分行為も管理人でできることになります。

ということは、少し整理しますと、管理人の選任を申立てるということが一つ、手当てのルートとして考えることができますが、それを誰が申立てるのか。今申したように、場合によって100万円なりのお金がかかりますので、それを負担してまで申立てるのかという問題があります。

民法939条（相続の放棄の効力）相続の放棄をした者は、その相続に関しては、初めから相続人とならなかったものとみなす。

民法940条（相続の放棄をした者による管理）相続の放棄をした者は、その放棄によって相続人となった者が相続財産の管理を始めることができるまで、自己の財産におけるのと同一の注意をもって、その財産の管理を継続しなければならない。

2 （略）

民法951条（相続財産法人の成立）相続人のあることが明らかでないときは、相続財産は、法人とする。

民法952条（相続財産の管理人の選任）前条の場合には、家庭裁判所は、利害関係人又は検察官の請求によって、相続財産の管理人を選任しなければならない。

2 （略）

民法959条（残余財産の国庫への帰属）前条の規定により処分されなかった相続財産は、国庫に帰属する。（後略）

第4章　空き家の解消のために、いま必要な取り組みは何か　109

では、管理人が選任されないうちはどうなるのか、ですが、相続放棄によって相続人不存在になったケースならば、民法940条をごらんください。余り使われている条文ではないのですが、1項にこういう規定が確かにあるんですね。「相続の放棄をした者は、その放棄によって相続人になった者が相続財産の管理を始めることができるまで、自己の財産におけるのと同一の注意をもって、その財産の管理を継続しなければならない」ということです。

　したがいまして、相続を放棄すれば、それでオサラバで自分は知らんといえるかというと、940条1項の規定がありますので、そうではなくて、次に管理する人が出てくるまでは、次順位の相続人が登場するとか、管理人が選任されるまでは、放棄した人間のところで管理せよということになっているのです。

　では、相続放棄した人間に対して、民法940条1項の規定を足がかりに、空家法に規定されている措置をとれと助言・指導、あるいは監督・命令できるのか、ですが、この点については、実務的にはどうも否定的なようです。

　余りというか、全く論じられていないのですが、ただ1点、2015（平成27）年12月に国土交通省と総務省が、地方自治体に対して発出した文書がありまして、要は、民法940条1項の管理義務というのは相続人間のもので、第三者一般に対するものではない、そういう理解が国土交通省にはあるようです。そのことから、既に相続放棄した人間に対して民法940条1項に基づきいろいろな措置を求めることについては、国土交通省ではネガティブな考え方をしているのではないかと読めます。

　相続財産の管理人が選任されて相続財産管理がスタートしますと、相続人がいないで宙に浮いている相続財産の清算に入ります。一連の流れについては、裁判所のホームページに「相続財産管理人の選任」という見出しのページがありまして、その「7.手続の内容に関する説明」の「Q 2.財産管理人

注1　空家法についての説明会で寄せられた質問に答える形で、2015（平成27）年12月25日に、国土交通省住宅局住宅総合整備課および総務省地域力創造グループ地域振興室名で、各都道府県・政令市空家等施策担当者に宛てて文書が発出されている。質問と回答を146頁に掲載した。

が選任された後の手続は、どのようになりますか。」というところできれいに整理されていますので、そこをごらんください。要は、清算に入るということですので、相続財産から債務の弁済であるとか特別縁故者に分与を済ませて、もし残った財産があれば、それは国のものになります。民法959条の条文に規定されているところです。

　そうすると、空き家が残ってしまったら国有空家になるはずですが、実務的には不動産のまま959条に基づいて国が国有空家にしてくれるかというと

7，手続の内容に関する説明

Ｑ１．財産管理人に選任されるために，何か資格は必要なのですか。

Ａ．資格は必要ありませんが，被相続人との関係や利害関係の有無などを考慮して，相続財産を管理するのに最も適任と認められる人を選びます。弁護士，司法書士等の専門職が選ばれることもあります。

Ｑ２．財産管理人が選任された後の手続は，どのようになりますか。

Ａ．一般的な手続の流れは次のとおりです。途中で相続財産が無くなった場合はそこで手続は終了します。

１．家庭裁判所は，相続財産管理人選任の審判をしたときは，相続財産管理人が選任されたことを知らせるための公告をします。

２．１の公告から２か月が経過してから，財産管理人は，相続財産の債権者・受遺者を確認するための公告をします。

３．２の公告から２か月が経過してから，家庭裁判所は，財産管理人の申立てにより，相続人を捜すため，６か月以上の期間を定めて公告をします。期間満了までに相続人が現れなければ，相続人がいないことが確定します。

４．３の公告の期間満了後，３か月以内に特別縁故者に対する相続財産分与の申立て（Ｑ3）がされることがあります。

５．必要があれば，随時，財産管理人は，家庭裁判所の許可を得て，被相続人の不動産や株を売却し，金銭に換えることもできます。

６．財産管理人は，法律にしたがって債権者や受遺者への支払をしたり，特別縁故者に対する相続財産分与の審判にしたがって特別縁故者に相続財産を分与するための手続をします。

７．６の支払等をして，相続財産が残った場合は，相続財産を国庫に引き継いで手続が終了します。

（後略）

（最高裁判所ウェブサイトより
http:// www.courts.go.jp/saiban/syurui_kazi/kazi_06_15/）

第4章　空き家の解消のために、いま必要な取り組みは何か

それはあまりなくて、残った財産は何とか管理人で現金化してくださいということで、現金で国に納付することになることが多いようです。

　空き家というのも不動産ですので普通は売れるわけで、そうすると売って現金にして国庫に納付することになりますが、特定空家のケースですと、どうしても売れないというケースもあり得ます。そうした場合は、この959条の規定に基づいて、現金に換えずに不動産のまま、国有空家になっていきます。その辺の実務的なところについては、各地の財務局あるいは財務事務所のところで担当していますが、実際に引き取ってくれるのかどうかが問題となり得ます。

　2016（平成28）年度に、その前の2014（平成26）年度と2015（平成27）年度の事例を情報公開請求等を通じて調べたところ、彼らは台帳上の件数としてカウントしており、事案として件数を見ているわけではないので、数字をビシッとご紹介できないのですが、年間概ね30件前後が不動産のまま国庫に引き継がれています。

　ただ、多くは土地、更地の事例です。それが例年、約30件前後あるだろうと。全国でその数字ですので、それほど多いとはいえませんが、土地ですと境界の問題があります。どこからどこまでがこの土地なのかというところから、測量を求められて、財務局で引き取ってくれないという話があるようにも聞いていますが、ただ実際に測量等なしで、国庫引継ぎの手続がとられた土地は結構あります。

　この点、財務省の担当部署である理財局に私が電話して聞いたところ、測量して境界を確定してくれとお願いはするけれども、相続人不存在になるのはお金がないケースが多いため、その費用が出せないという場合があります。そうした場合は、測量などがなされていないから引き受けないといえる法的

注2　電話でこの説明を受けたのは2017（平成29）年1月のことであったが、その後、同6月27日に、「国庫帰属不動産に関する事務取扱について」という事務連絡が、財務省の理財局国有財産業務課長名で各地の財務局に宛てて発出されている。内容的には本文に述べたとおりのことで新奇性はないが、全文を147〜153頁に掲載した（154頁は、発出伺いの決裁に付されていた説明である）。この事務連絡は、同日、最高裁にも参考送付され、最高裁は7月11日にこれを各地の家裁に周知している。

根拠もないので、それはそのまま引き受けているという説明でした。[2]

　今申してきましたように、土地（更地）のケースがほとんどなのですが、建物が建ったままの土地をそのまま引き受けたという事例もあります。一例を挙げますと、住宅地域の宅地と、その土地上の住宅他計6棟の建物が相続人不存在により国庫に帰属したという事例があります。そこでは、建物の老朽化が進み、倒壊の恐れがあり、一部は相続財産管理人が解体撤去しましたが、管理費不足のため追加工事の発注ができず、そのままのところがありました。さらには、建物表示変更登記も費用の関係でできず、結局、財務局は現状有姿で引き受けています。

　あるいは、普通、建物を引き受けるときは土地もセットになっていて、土地と建物の所有者が同じケースが多いはずですが、別の私人が所有する土地に建った建物だけを相続人不存在で引き受けたという事例もありました。建物といっても民家ではなく廃業したガソリンスタンドで、そうすると地主さんに土地を返すのに、下にタンクなどがありますので、原状回復に結構お金がかかるのですね。その事案でも420万円以上かかっており、それを国が負担しています。財務局は、建物とかを取り壊し、敷地の所有者に敷地を返還するためにだけ、建物の国庫帰属を受けた格好になります。

幸田　ありがとうございます。全国の実際の状況についての貴重なお話がありました。次、伊藤さんにお聞きする前に、田處さんから北村さんの『自治研究』の論文への言及がありましたので、ご紹介いただけますでしょうか。

北村　略式代執行というのは、非常に例外的な措置です。行政法のテキストの行政代執行の部分の説明でも、略式代執行にまで触れるものは多くではありません。さらに費用徴収をどうするかというところにまで触れているものはほとんどない状況です。

　空家法14条10項には、「その者の負担において」と規定されています。これは特徴的な規定ではなくて、30ぐらいの法律がこのような規定を持っています。費用徴収をどのような手続で行うのか。時効はいつから走るのかという実務的な問題もあります。略式代執行をするための工事費用は市町村が業者に支払いますから、業者との関係での債務として支払った金額が、ま

だ見ぬ第三者である「その者」さんのとの関係で当然に債権となるかどうかが問題となります。

費用徴収に関して行政代執行の5条及び6条を準用すると規定する法律として、農地法、ＰＣＢ特措法や廃棄物処理法などがあります。行政代執行法6条は強制徴収を規定しますので、これは書いてあって初めて可能だと考えるのが通常の発想でしょう。そうすると、書いていないものは行政代執行の強制徴収は使えないということになりますから、民事訴訟でとるしかない。

そのときに、とるとしても、後であらわれた「その者」さんに対して、納付通知を出さなければならないのか、あるいは当然に何かしらの額は決まるのかが問題となります。業者との関係では支払額が確定していますが、それが第三者の「その者」さんとの関係でも債権としてどのように確定するのか。この手続がない。

行政代執行法5条は納付命令を規定していますので、これを準用する。準用の根拠はないのですが、手続ですから、不利益処分ではありますけれども、解釈準用するというのが一つの整理かと思っています。

そのとり方については必ずしも十分な知見がない中で、30件以上の略式代執行が行われています。多くは見つからないまま、済まされるでしょう。あらわれてくれるとややこしいことになるため、探そうともしないのではないでしょうか。

相続を放棄し、誰も管理しないケースも

幸田　それでは伊藤さん、先ほどの田處さんの説明に対してはいかがでしょうか。

伊藤　いくつかのお話をいただいていますので、順次、私のほうで思うところを述べさせていただきます。まず、空き家の所有者の探索の問題ですが、例えば空き家のある土地で、建物そのものは表示登記しかないという物件があったとします。この場合に、その所在地に戸籍もありません、あるいは住民票もありませんということになりますと、やはり所有者の探索というのは難しいということになるかと思います。さらに、その空き家が古くなってし

まって、相続登記も何もしていないというような状況になっても同じような状況が出てきます。

そこで近隣の住民に話を聞く、あるいは固定資産税の所有者情報を用いるということになってこようかと思います。市町村では現在、死亡通知は固定資産税賦課担当課に回るという話を聞いたことがあります。そうであれば問題はないのですが、そうではない場合、あるいは市に住んでいる人ではない人が亡くなった場合、いわゆる死亡者課税がなされてしまっている場合には、どうしても限界が出てくるのではないかと思われます。

それと、次の相続財産の管理人の選任に関してですが、予納金の額で、先ほど数十万円から100万円というご説明がありました。大体100万円ぐらいかなと、経験上は感じております。それだけの費用をかけて管理人を選ぶメリットがあるのか。一般論になりますが、例えば担保権のついた不動産について、担保権の実行の競売申立をするといった場合、あるいは特別縁故者と称する方がいらっしゃって、その方が分与を求めるということを目的として申立てをする、こういった場合が多いのですけれども、そのほかに地方公共団体としては、固定資産税を徴収するということで、相続財産管理人の選任を申し立てて公売通知のあて先にする、あるいは田處さんからご説明がありましたが、相続財産管理人に権限外行為許可というものをとってもらって、その不動産自体を任意に売り払う。任意売却といいますが、そういう方法をとる。その買い受け代金の中から滞納金を支払ってもらうという場合があろうかと思います。

これ以外ですが、例えば法人が破産して、破産管財人が選ばれ、管財人のお仕事として法人が基本的に持っている財産をお金に換えるということになりますが、その場合に不動産を売却します。ただ、売れない不動産がどうしても残ってしまう。これをどうするかというと、破産手続を早期に終わらせなければいけないので、管財人も放棄してしまうのですね。この不動産に、例えば抵当権がついていたような場合ならば、抵当権者が競売してくれることもありますが、何の担保もない場合は、破産手続が終わると誰も管理する人がいなくなってしまうということが起きて、結局のところ、空き家等々が

第4章 空き家の解消のために、いま必要な取り組みは何か　115

放置された状態になる。こういう問題が生じてしまうのではないかと思います。

幸田 空き家の所有者が見つからない、不明であるという問題について、小島さんはいかがでしょうか。

小島 実務的に大きな問題の一つは、住民登録関係の記録が、応答がなくなった時点から5年間で抹消されてしまうという点です。その結果、登記簿の記載から探していってもその人が見つからない。仮に登記があったとしても、その人が一体どこにいて、誰が承継者になっているかがわからないという事態が発生しています。これは地方でも結構ありますけれども、都内でも発生しています。

私が経験したのでは、登記簿の最後の記載が昭和一桁、戦前の記載になっていて、その人の相続人の調査が全く手のつかない状態になっているということがありました。50年以上前に亡くなった方ですと、どういう人がそこに住んでいたのか、近隣の人に聞いてもわからないケースがあります。

そこで、固定資産税の関係で何らかの管理がなされていることもありますが、規模が小さい土地ですと、そもそも課税の最低限を下回るところもあります。東京都内ですと、私道を除くとそういうところは非常に少ないのですが、地方ですと、山形県のある地方で実際に経験しましたが、30坪ぐらいの土地に古い建物が建っているところでも固定資産税対象外の価格になってしまう。税の記録も全くないことになるので、そういう場合には行き詰まってしまいます。空き家対策の関係では、住民登録を5年間で抹消するという仕組みは何とか変えてもらう必要が非常に高いのではないかと実感しています。

住民票・戸籍の附票保存年限を長期にできないか

幸田 空き家の所有者に関連する問題についてお三方からお話をいただきましたが、北村さん、いかがでしょうか。

北村 これら全て、民事法の一般的な汎用性のある制度を空き家問題の解決に対して使おうとしたときに起きてくる、いろいろな障害であると整理が

できようかと思います。その厳格な適用が、結果として適切な解決をもたらさないのであれば、特別措置法をつくってバイパスなりをつくるというのが普通の発想でしょう。

特に、空き家にはいろいろな事情がありますが、特定空家等のように、行政法的に把握すれば、「負の外部性」を周辺にもたらしているという、一種の財産権の消極的な濫用状態があると解しますと、その財産権の内在的制約の範囲内で措置を講じるということは、できるのではないか。一種の公共政策の観点から民事関係を割り切ると申しますか、整理する、こうした法理論がおそらくは必要になってくる気がいたします。

まだそれほど問題になっていませんが、権利者の中には認知症を患っておられるけれども、成年後見人等が付されていないという方もいる。行政がアプローチしても、受領能力がない場合は、目の前にいらっしゃるのですが行政措置の対象としにくい。このあたりは空き家部門だけではなくて、福祉も含めた全体でカバーしなければならない難題だという気がします。

先ほど小島さんが5年という期間をおっしゃいましたが、実は住民票の除票、戸籍の附票・除票の保存期間について、住民基本台帳法があり、その施行令34条1項に「5年間保存するものとする」とある。これは紙の時代を前提にしているかと思いますが、このように言い切っています。これを受けて、電子媒体で保存をしているけれども5年経過すれば自動的に消去されるようにプログラムを設定している自治体があるそうです。伊藤さん、国土交通省は違うといったようですが、どうなのでしょうか。

伊藤　後でご説明しようと思いましたが、5月16日に開催された国土交通省の「空き家対策推進のための新規制度等に係る説明会」というものに参加させてもらいました。そこでの説明の中で、5年間はとりあえず保存して、その後、捨てろとは言っていないというのが国交省の考え方とのことでした。

北村　「5年間保存する」の「する」というのは、最低5年間保存しろという趣旨であって、それ以降は自由と解釈する読み方もできると。ほかのところでも使えそうな発想だという気がいたしますけれども、そうであるとするならば、きちんと趣旨を制度化することもありますし、この電子化時代で

あれば、ＰＤＦ保存が通常可能ですから、これも含めて対応を考えるというのが当然でありましょう。また、保存措置はそれなりの予算がかかるわけですから、予算措置も住民基本台帳法の中できちんと手当てされるべきかと思います。

幸田　解釈の話もありましたが、住民票・戸籍の附票の保存年限を長期にすることは、大変重要な一つの対策であるというお話がありました。

あと、先ほどの田處さんから情報公開請求、電話取材により、国庫帰属の実態について詳しく調査された話がありましたが、このような方はほかにいらっしゃらないと思うので、大変貴重な報告であったと思います。所有者不明土地は全国的にいろいろなところで課題を解決しなければならないと言われている問題です。こうした所有者不明土地を円滑に国庫に帰属させるための制度で何か考えられるものはありませんか。伊藤さん、いかがでしょうか。

国庫に帰属させる手続きを定めるべき

伊藤　あまり大した話ができなくて申しわけないのですが、三つほど考えてみました。まず一つ目は、先ほどから話が出ている管理人選任、相続財産管理人、あるいは不在者財産管理人の申立権を直接、市町村が認めるというのが、一つ手段としてあり得るのではないかと思います。

先ほど田處さんからご説明いただきましたが、利害関係のある場合、あるいは利害関係がない場合には検察官を通じてという形で申立権が認められますが、それでは利害関係がない場合、いちいち検察官を通さなければいけないのか。このワンクッションが入るのが若干手間である。仮に清算人を申立てなければならないケース。先ほど法人の破産のご説明をいたしましたが、この場合には、利害関係が証明できないと申立てができないという状態になってしまう。

例が違いますが、生命保険について、精神障害者福祉に関する法律等の改正がありましたが、この改正によって「その福祉を図るため、特に必要があると認めるとき」、こういう要件を課した上で、市町村長に直接の審判請求権を認めている事例があります。そのまま持ってこいという話ではないかも

しれませんが、参考になるのではないかと思われます。

　その次に、予納金の額が一つネックになっているのではないかと思います。たまに研修などで、「相続財産管理人という制度がある、予納金は100万円だけれど」と言うと、その瞬間、皆さんため息をつかれるということがありまして、例えば裁判所と協議する等々して、予納金について柔軟な取扱いを求めていくというのも、一つ可能なのではないかと思います。

　最後は、実際に不動産を国庫に帰属させる場合に、現在の法令上、具体的な手続規定が存在しないのです。相続財産の管理人制度について、先ほど田處さんから説明があったとおり規定はありますが、それ以外の手続は余りはっきりしない。したがって、せっかく不動産の管理者を選任したとしても、国から引き取りませんと言われてしまうと、そんなリスクを抱えて申立てをするのかということにもなってしまいかねない。

　実際に誰にも管理されない不動産があるのは、地域上問題が生じるというのは、先ほど来、渡邉さんも含めてご説明いただいたところですので、何とか国庫帰属に関する手続を法令で定めてもらう必要があるのではないかと考えているところです。

　幸田　今の予納金の問題は、実務上、大変重要ですし、国庫帰属の手続を定めるというのも検討の余地があるかと思います。ただ、手続を定める場合に、その定め方によっては画一化、あるいは硬直化の危険性も生じてくる可能性もありますので、その点はよく留意して検討する必要があると思うところです。

空家特措法のガイドライン

　幸田　次に、話題を変えまして、特措法の運用についてです。日弁連のアンケート調査では、国交省のガイドラインについて、使い勝手が悪い項目がいくつかあるということで、自治体からも指摘がなされていたところですが、伊藤さん、この点について、具体的な項目に沿って少し説明いただけますか。

　伊藤　このガイドラインの正式な名称は長いのですが、「『特定空家等に対する措置』に関する適切な実施を図るために必要な指針」です。根拠法は、

第4章　空き家の解消のために、いま必要な取り組みは何か　119

空家法 14 条 14 項ですが、特定空家等の認定について、空家法に四つの要件があります。

この中で最も使い勝手が悪いといいますか、使いにくいというご指摘があったのは、「その他周辺の生活環境の保全を図るために放置することが不適切である状態」という要件の中に含まれております「空家等に住みついた動物等が原因で、以下の状態にある」といって、具体的なものが四つほど並んでいる、この項目に関することです。

この基準をもう少し子細に見てみますと、先ほど申し上げた四つの細目の中に、いずれも「地域住民の日常生活に支障を及ぼしている」、あるいは「地域住民の生活環境に悪影響を及ぼすおそれがある」という文言があります。四角四面にこのガイドラインを使おうということになると、まず地域の範囲について、そのガイドラインの本文の中で、「その際の判断基準は一律とする必要はなく、当該空家等の立地環境等地域の特性に応じて、悪影響が及ぶ範囲を適宜判断することとなる」ということになっています。

次に悪影響の程度ですが、これは社会通念上、許容されるか否かを認定し、なおかつ、「その際の判断基準は一律とする必要はなく、気候条件等地域の実情に応じて、悪影響の程度や危険等の切迫性を適宜判断することとなる」。

いろいろと丁寧に書いてくれたつもりかもしれませんが、「一律ではない」とか「適宜判断」とか「社会通念」という言葉まで出てきてしまっているので、これをそのまま適用しようとすると、自治体としては最終的には放り出された感がある基準になってしまっているのではないかという可能性があります。

それと動物が住みついた例の基準ですが、鳴き声その他の音が頻繁に発生するとか臭気の発生、こういったものを参考基準として定めていますが、どうやって証拠化するのかがよくわからない。

こういう意味で、非常に使いにくいという印象を受けるところです。そのほかに、アンケートで適用が難しいという回答が多かった基準ですが、立木を原因とするものが 234 団体、ごみ等の放置・不法投棄が 230 団体、建築物等の不適切な管理が 223 団体と、割と多くの自治体から使いにくいと指摘されているところです。

幸田　自治体が自ら責任を持って判断すればよい話ですので、本来はガイドライン自体が不要ということではないかと思いますが、北村さん、いかがでしょうか。

北村　分権の観点からすれば、不要ということになるかと思いますが、国も市町村も分権慣れしていない状態という前提で考えると、現実には必要なのでしょうね。

　空家法は、空き家対策議員連盟が中心となって制定された議員提案の法律であることは、ご案内のとおりです。この議連案というものはバージョンがいくつかありますが、最後の最後まで、ガイドライン的なものをつくれということは入っていなかったのです。ところが、聞くところによると他党との協議で入ったということです。おそらくその背後には、市長会や町村長会の陳情等があったのではないかと推測します。

　私が国土交通省の方々と公布後に話したところによると、余り詳しいものをつくると、それ以外は全部よいのか、またそれ以外は全部ダメなのかということになってしまうので、余り詳しくはつくりたくないとおっしゃっていた。それにしては詳しくなってしまったというのが今のガイドラインです。

　法律の実施を求める自治体、市町村の側は、いわば法律の取扱説明書をつくってくれと言っているわけですね。機関委任事務体質が残っていますから、そういうこともありますが、基本的には法律が全てを義務的にしているのです。やれ特定空家等はこうだ、指導・助言・勧告命令、略式代執行だとやったものですから、義務としてやらざるを得ないために慎重にならざるを得ない。そんなことを言うのならば、もっと詳しく言ってくれとなってきたという気がします。

　基調講演でも申しましたけれども、そもそも制度設計した議員連盟の中に「分権時代の法律をつくる」という意識が希薄だったことが問題です。法律はメニューだけ示し，その後は自治体に任せれば、それで自分たちの自治力を鍛えていくわけですから、それによって遅れや進みがあっても、それはそういうものだというのがこの時代であろうという気がします。

　それはさておきまして、ガイドラインは政令でも省令でもありません。単

なる法的拘束力がない文書ですので、これに依存するのではなく、これを変えていく、自分たちで詳しくしていく。要は、権限行使の責任は全部市町村にいくのです。ガイドラインに従ってやっていましたという主張を裁判所は聞いてはくれません。ガイドラインは法でもないでしょうということで、あなたたちはこのガイドラインをどう解釈したのですか、法をどう解釈したのですかということが法廷では問題になります。

ですから、ガイドラインを自分たちの行使の基準とするならばするとして、告示にするなり、規則化するなりすればよいことです。ガイドラインはあくまで国のものであって、自分たちのものではありません。市町村が自分たちのものを持つのがよいと思います。ガイドラインは標準で、変えても全く問題ありません。

この法律には施行後5年見直しの附則規定が入っています。しかし、ガイドラインについては、その前に改訂するという気がします。あるいは、余り詳しくなってしまうのは適切でないと考えるなら、このままずっとおいて、次の改正を待つのかもしれません。

幸田 地域の実情を踏まえて自治体自身が判断して対応していくということが極めて大事であるということで、今、自治力というお話がありましたが、全くそのとおりだと思います。

2. 空き家の利活用をどう進めていくか

空き家を利活用する上での諸課題

幸田 次に、空き家の利活用についてです。尾道では、NPOが様々なやり方・手法、それから大変なご苦労、また工夫をしながら、まさに全国で最も「空き家再生」に成功していると言われる取り組みが行われています。まず、田處さん、空き家の利活用について民事法の観点からいかがでしょうか。

田處 尾道の事例はまさしく中古で、既存の住宅資源ですが、自分は民法が専門ですので、当然、「取引」というところに目がいくわけです。普通、不動産を取引するのであれば、町なかの仲介業者を使うことになりますが、

尾道で実際、どのぐらいの値段で取引がなされているかのご紹介はありませんでしたので、少し失礼な言い方になるかもしれませんが、そう大きな値段ではないと推測しています。

そうすると、一般の仲介業者に取引を持ち込んでも、なかなか動いてもらえないという事態になりかねない。すなわち、彼らは仲介手数料で動いていますので、仮にその取引が100万円でしかなかったとしますと5％で5万円、売主・買主の両方から手数料をいただく、いわゆる「両手」の場合でも10万円になりますので、これではとてもペイしないということで、一般の仲介業者を通じて売り買いするのは難しい。

そういう意味では、ご紹介がありましたNPOのようなところで仲立ちをしていくのは、そうした不動産に向けての市場を整備していくということで大いに有効と感じました。あと、さらに、タダで引き取って、タダで譲渡するという形でのバンクを公営等でつくっていくこともあり得るのではないかと思いました。

それから、家屋内の残置物のことを気にしておく必要があります。いくら取引市場をNPOなり、タダでやりとりする「空き家バンク」などで整備しても、物件が市場に出てこない限りは意味がありません。所有者に物件を市場に出してもらうためには、家の中にいろいろ残っている家具その他の残置物、その片付け問題が一つ大きなネックになりかねないと思います。

そういう意味では、空き家の所有者が家の中に残っている物を一挙に廉価に、安く処分してしまえるような仕組みを一つ考えておく必要があると思います。このことは、売買に限ったハナシではなくて、所有者が手放さずに、賃貸になら出してもよいと考えているのだけれども、なかなか中の物を片付けるのが大変だから賃貸にも出せないという例もあるのではないかと想像しています。

幸田　今の田處さんの意見について、小島さんはいかがでしょうか。

小島　一つは不用品の処理ですが、意外に難しい問題がありまして、不用品というのは別の観点から見ると廃棄物なのです。ネットで調べていただくとわかりますが、「不用品処理」で検索をかけると、不用品の処理をお金で

請け負ってやっている業者があります。

　ところが、私どももうっかりしていたのですが、昨年、東京都と環境問題で懇談会の場を持ったときに、都から指摘を受けたのですが、実はほとんどの場合、不用品は一般廃棄物ですが、その運搬や処理の免許を持っている業者はおらず、大抵は産廃処理業者です。というのは、一般廃棄物の処理は、市町村の通常は専属的な権限ですので、市町村に代わってその処理や運搬をする許可が出ているケースは極めて少ないようです。東京都内ではたしか1件出ているだけで、それ以外は全くないということでした。

　そうすると、不用品処理の業者に一括して任せてしまうということをやると、あるいはそれに市町村や弁護士がかかわると、廃棄物処理法違反の行為を自らやってしまうことになるので、大変な問題になってしまう。とはいっても、弁護士が例えば相続財産管理人になって家を売るために、家の中の廃棄物を一つひとつ袋に詰めて、ごみ出しの日に外に持っていくということは現実的に考えがたいので、これをどういうふうにするのかは、一つの大きな問題です。

　幸いなことに、空き家対策は市町村の権限で行われるもので、同時に廃棄物処理も市町村の権限ですから、空き家については市町村のほうで一括してごみ収集に来てくれる仕組みをつくるとか、同じ市町村の中で違う部署でありますが、同時に対応できる要素はあると思いますので、普通とは違う形での収集をしてもらうようなことを同時に考えないと、ごみがネックになって空き家の対策が前に進まないという事態が起きてしまいます。その辺は市町村で柔軟な対応をしていただければと思います。東京都とお話をしたときでも、東京都下の市町村でもいくつかそういう措置を進めているところがあるという話がありました。

　もう一つ、田處さんのお話であったのが、仲介手数料の面で仲介業者が民間のベースではなかなか出てこないという問題です。そういう意味では、今回の尾道のようなＮＰＯ法人などで、中古の物件の仲介を事実上やっていただける業者を探す、見つけるという形をとるのが非常に大きな要素であると思います。空き家は取り壊すことが全てではないので、できれば利活用でき

る形にしていくのが重要であると思います。そのためには、そういったＮＰＯを各地で整備して、利活用の仲介をすることが重要であると思います。

　もう一点、最後に忘れてはいけないのが税金の問題です。空き家を譲り渡した場合に譲渡所得税がかかってくることがあります。これが結構、ばかにならない金額になったり、あるいはタダで受け取ると贈与税がかかったりするという問題が出ます。譲渡所得税については、居住用資産については特例がありますけれども、人に貸し付けていたものとか、事業用に使っていたものであると特例の適用がありません。こういった問題は国の税金ですから、地方自治体だけで対応するのはなかなか難しいとは思いますが、空き家の流通を進めるために、贈与税や譲渡所得税の特別な運用は少し考えていく必要があるのではないかと思っています。

　幸田　最後のお話はまさに国税ですので、こういうことこそ、国レベルでやっていただきたいことの一つであると思います。

中古住宅の流通上の課題

　幸田　空き家の利活用に関して、伊藤さん、いかがでしょうか。
　伊藤　中古住宅の流通の問題に関してですが、大きく分けて「売買」と「賃貸」があるということになるかと思います。これら両方について整備していかなければいけません。

　まず、売買について、新築だけではなくて、中古に目を向けてもらうように関心をシフトさせる、一般的にはそういう仕組みをつくるのが必要であるということと、もう一つは、中古住宅で特に問題になるのは、売主側の情報が買主側にきちんと伝わるかどうかの、情報の非対称性の問題がありますので、そこをどうやって保証するのかという辺りを整備する必要があると思います。

　それと賃貸の市場に関してですが、空き家が生じてしまうのは、そもそも物件のニーズが借り手と合っていないという場合が考えられる。こうした場合に空き家を借り手のニーズに合わせた形で改装する必要があると思われます。

第4章　空き家の解消のために、いま必要な取り組みは何か　125

もう一つ、賃貸に関して言うと、その後も続く関係ですので、貸し手と借り手が安心して契約関係を構築できる仕組みが必要であるというふうに思われます。期限の問題に関しては、借地借家法を使った定期借家を使う方法が一つあると思われますが、問題は、空き家というものは、所有者が管理しきれないから空き家になっているわけであって、そこを賃貸に回したとしても、結局、貸し主さんは余り管理をしない。そうすると、物件について何かトラブルがあった時、借り主さんは非常に困ってしまう可能性があるわけです。その場合、貸しっぱなしというわけではなくて、信頼できる組織があったほうがよい。売買については売りっぱなしというわけにはいきませんので、同様の組織を構築することによって、流通が促進されるのではないかと一般論ですが考えています。

　幸田　ありがとうございます。実際にＮＰＯなどが空き家再生をしようとした場合、各種の補助金制度がありますが、この補助金制度の使い勝手についてはいかがでしょうか。また、リフォームしたくても、検査済証がないためにできないといった話も聞きますが、その点について小島さん、いかがでしょうか。

　小島　リフォームしたくても検査済証がないためにできないという問題ですが、結構、盲点になりやすいところです。弁護士のほうが知らなかったりするのですが、基本的にはその建物が建った時点において、建築基準法に適合した建物であることが必要です。現時点の建築基準法に適合する必要は必ずしもないのですが、建った時点の建築基準法に適合して建っているものでないと、現時点で増改築ができないという問題があります。ただし、問題点を整理しますと、そもそもリフォームの全てが増改築に当たるわけではないということは認識しておいたほうがよいです。建物に何かをつけ加えたり、間取りを変更したりするということがない限りは、増改築に当たりませんので、その場合は別に検査済証の問題は発生しません。

　それでは、増改築に当たる、どうしても間取りを変更してみたい、あるいは何か部屋をつけ加えたい、部屋とまではいかないにしても、サンルームのようなものをつけ加えてみたいということは当然あると思います。そういう

場合に、古い建物なので検査済証が見つからないという場合も多々あるかと思います。どうしたらよいかということですが、一つは建築士が調査することによって、検査済証にかえることができます。

それから国土交通省が2014（平成26）年7月に、「検査済証のない建物に係る指定確認検査機関等を活用した建築基準法適合状況調査のためのガイドライン」というものを出しました。それによって検査済証がなくても、指定建築確認検査機関に調査してもらうことにより、増改築を可能にする途を広く開いたということがあります。このようなルートがあることを知っていれば、検査済証がなくても増改築を諦める必要はないということになりますので、その辺は活用いただければと思います。

それから空き家再生の補助金ですが、実はかなり多くのメニューがあって、この補助金をうまく使えば費用の相当部分が賄える余地があります。しかしながら、一つ大きな問題がありまして、実は空き家再生の場合は、その空き家の所有者でないと補助金が申請できません。空き家を誰かから賃借した人がその空き家を増改築して再生したいという場合に、その人の名前では申請することができない。そうすると、その賃借人は、その都度、賃貸人である所有者のところに行って、こういうリフォームをしたい、そのために、所有者の名前で申請をしてほしいということが必要になります。実際上、そういう手続を経ればよいだけではないかと感じられるかもしれませんが、実際の手続としては結構、面倒な話になるので、できれば賃借人の側からも、そういう申請ができるような制度をつくっていただけると非常に使い勝手がよくなると思います。

また、所有者でない人でも使えるということでは、「移住支援」という形でいろいろな補助メニューをつくっている自治体がたくさんあります。それを使うという方法もあるように思います。

空き家を地域の資源に

幸田 北村さん、空き家の利活用を促進するために自治体はどのように取り組めばよいかという点については、いかがでしょうか。

第4章　空き家の解消のために、いま必要な取り組みは何か　127

北村 万能薬がないというのは、今日ここにご参集の皆さんが共通して感じておられることでしょう。その中で尾道の事例を伺ってつくづく感じたのは、「まちの魅力」が大きな要素になっているという点です。おそらく尾道には、たくさんの自治体から視察にお見えになられると思いますが、詳しいご説明を渡邉さん等々からお聞きになられると、多分ため息をついて帰るのではないかという気がします。「うちではとても無理だ」となるわけですね。

とりあえずは空き家バンクをつくるということが傾向としてありますが、それを活かすための需給バランスをどのようにつくるのか。需要が供給を生み、供給が需要を生む。尾道ではウェイティングリストがあるということですが、そこまで持っていくには相当の地域力があったからでしょう。自分たちのまちを愛する方がたくさんお集まりになって、一生懸命、発信なさっているというのがきょうのお話でも見てとれたわけです。お役所だけにそれを任せるのではなく、お役所の言葉では書けないことをＮＰＯの方がサポートなさっているのが印象的でした。お役所は地域を愛さざるを得ないのですけれども、ＮＰＯの方々とタッグを組んでやっている姿に感心しました。空き家を地域の資源として捉えるということもあります。代表の方について、「彼女には空き家が宝の山に見える」という、ちょっと病的な感じもしないわけではありませんけれども（笑）、そういう「目のつけどころ」を持っていらっしゃる方が皆さんを引っ張っていくという点が、非常に印象的でした。

例えば、京都市も「魅力のあるまち」と一般的に言われています。京都市も空き家条例を制定しています。そこの３条に基本理念を持っているのですが、「空き家等は、地域コミュニティの有用な資源として、積極的な活用が図られること」（2号）とある。こういう認識を条例で示しておられます。空き家の存在そのものに一種の「公共性」を見出して、それを高めていこうではないかという発想のように見えます。私人の財産の形成に補助金が使えないというのは原則ですが、その財産に何事かの公共性を見出すというのならば、それも可能になってくるということになろうかと思います。

結局、自治体として誰に使わせたいのか、誰に使ってもらいたいのかということがあるのですね。私はこのシンポジウムの準備勉強会で東京の谷中に

行きました。そこでは、こういう人に住んでもらいたいとＮＰＯの方が思っていらして、そういう方を見つけてくる。そしてそこに住んでもらって、まちをつくっていくという一つのシナリオがあり、現にワークしている。こうした仕掛けは確かに大事です。地域が自分たちの地域を構成している空間に関心を持つというのは正当性のある話ですし、それに対して何らか制度化する、公的に関与するということが大事である。そのように考えた次第です。

3. 住宅政策、都市計画の観点から

増え続ける新築物件、その原因は？

幸田　ありがとうございます。次に、空き家が発生する根源的な原因について議論していきたいと思います。小島さん、ご説明をお願いします。

小島　日本では今、空き家が深刻な問題になってきていますが、ヨーロッパにおいては、実は空き家はそれほど深刻な問題にはなっておりません。人口がかなり減っているところもありますが、そういう地域でも大した問題にはなっていません。その違いは一体どこにあるのだろうということを、少しお話ししたいと思います。

総務省の統計データですが、2013（平成25）年の住宅・土地の統計調査、これが空き家の最新の調査結果ですが、総住宅戸数が 6,000 万戸、日本の中に 6,000 万戸の住宅があって、5 年前に比べて 300 万戸が増えている。この時代においても、約 5％がこの 5 年間で増えている状態です。空き家件数は 820 万戸。5 年前に比べて 63 万戸が増えている状態です。空き家率は現在 13.5％。これも増えています。

一応、住宅の着工件数についてはその年が終わった瞬間に、国土交通省の統計データが出ますので、建築の着工統計調査というので、2016（平成28）年の着工件数を見ると概ね 100 万戸です。要するに、800 万戸の空き家が既にある中で、1 年間で 100 万戸の新築を建築している。前年比で 6.4％増です。しかも、その中で注目してほしいのは、貸家が 40 万戸以上ということで、これが前年比 10.5％という形で 5 年連続、かなり増えている。貸家といって

も一軒家ではなくて、主には貸アパートその他の賃貸物件であると思います。このような形で増えていくということが、日本の空き家を生んでいる一つの大きな原因だろうと思います。

いま何が起きているのかというところで見ると、一つは住宅地がこういう状況の中においても、無限定に増大していく。そうすると次に何が起こるかというと、その過程で拡大したところで高齢化が起きます。訪問介護であるとか、そういうものの行政コストが非常に増えてしまうという問題が発生します。

それから一方では、高層マンションが乱立していく。東京の周辺でいうと、例えば流山や武蔵小杉というところにかなりの高層マンションが乱立します。そうすると、急激な人口増が起きますので、行政コストがやはり増えていく。保育所をつくらなければいけない、小学校をつくらなければいけないといった問題が起きます。

もう一つ、いま起きつつある問題が、賃貸アパート経営の失敗です。賃貸アパートを建てる際に家賃保証という制度をとることが多いのですが、それも永遠ではなくて、ある一定期間を区切ったものである場合が多くあります。そうすると、その期間が過ぎた瞬間に経営破綻、大幅な空き家なり不良物件が発生するということになります。相続税対策で始めた事業で、相続税を払う前に自分の財産がなくなってしまうという事態が発生しつつあります。

こうした新築の建築がなぜ進んでいくのかということですが、一つは新築の建築に日本の住宅や建築業界が依拠し過ぎているのではないかということです。短期的視点に傾き過ぎてはいないか。ヨーロッパでは、日本に比べるとはるかに新築よりリフォームが多いのです。ドイツでは、建築業界が行っている仕事のうちの4分の3がリフォームです。新築はわずかに25％しかありません。半分が通常のリフォームで、4分の1は省エネのためのリフォームです。

二つ目として、債務整理などの過程で資産を高額処分する圧力が存在しています。工場跡地や社宅の跡地が高層住宅になっていく。

三つ目は、よく言われている話ですが、相続税上、あるいは固定資産税上

の優遇措置が存在している。賃貸住宅を建築すると相続税が軽減される形になっています。

　以上三つの要因が、新築建設を進める要件になっていると思います。

　一方、新築からリフォームへということを考えざるを得ない。ドイツでは先ほど申しましたように、建築投資の４分の３がリフォーム、かつはっきりしているのが、新築については全く補助がない。日本の場合は省エネであれば、新築の場合も一定の補助が出るのですね。ところが、ドイツは新築の場合は日本に比べるとはるかに厳しい省エネ基準が建物に課せられます。ですから、省エネ基準が厳しい結果、新築住宅の建築コストが非常に高くなる。この点、リフォームであれば、補助金が出ますので、同じような形にするにしても、リフォームのほうが経済的に利点が出るということです。

　その結果、建築物の４分の３がリフォームで、それで建築業界としてはきちんと経済的にも成り立っています。日本はそれに対してリフォームは５分の２ぐらいにとどまる。新築でも省エネ補助があって、賃貸住宅の建築が相続税上、有利になってしまっています。

新築賃貸住宅の優遇措置の見直しを

　それに対してどういう対策をとっていったらよいのかということを考えたいと思いますが、一つは税財政制度の変更の問題です。現存する住宅資源を再生活用することを促す税財政制度に変えていく必要があるのではないか。また、歴史的あるいは伝統的な建造物などの敷地を含めた軽減策ということを考えていかなければならないのではないか。京都の中でも、町家が取り壊されるということが問題になっていますが、都内でも古い歴史的建造物が次々と壊されています。

　これは東京都の場合ですと、登録文化財という国の文化財になっていたとしても、固定資産税の軽減措置を受けるのは建物の部分だけです。もともと古い建物ですから、建物について固定資産税が軽減されても減る額はほとんどないのですが、その敷地にある土地については全く軽減措置がない。自治体によっては、建物の建っている部分については軽減措置をとっているとこ

ろもありますが、東京都については敷地の対策がない。そうすると、東京都は非常に土地が高いですから、それを持ち続けることが難しくなるという問題があります。

それから、新築とリフォームのメリハリのきいた補助策が必要であると思います。何と言っても重要なのが、相続税上の新築の賃貸住宅への優遇措置を改める必要がある。それから、住宅建築した後の土地、新築した住宅であっても、住宅を建築した土地の固定資産税が軽減されるというような措置を改めていく必要があるのではないか。これは周辺部への住宅建築を抑制するという点で、重要な意味を持ってくると思います。

それからもう一つの対策は、よりドラスティックな方法ですが、新規の住宅建築の抑制策を本格的に都市計画としてとっていく必要があるのではないか。まずは市街化調整区域の厳格な運用ですね。アメリカ合衆国でも成長限界線というものを引いて、その外側には一切、住宅建築を認めないという形をとっていますが、ドイツやフランスなどでも、建物のないところでは開発ができないという大原則があります。そういうところに建物を建てようとすると、非常に厳しい規制があります。

ドイツで非常に有名になったのは、ソニーが会社の建物を普通の更地に建てようとしたときに、更地に建物を建てる以上は、同じような環境を持った土地をどこかに確保して、全く同じような価値の向上をした土地をつくり出すことなしにはそこに建物を建ててはいけないという厳しいことを言われて、その建物を建てるために、建物の建築費以外に別の土地を確保して、そこの環境を整備するコストまで負担させられたということがありました。

これは日本の感覚でいうとかなり重い負担のように考えられますが、ドイツの自然保護法の規定からいえばごく当たり前のことで、ある日本の行政法学者がなぜドイツではそういうことをするのですかと聞いたらば、質問された行政担当者のほうが、なぜそういう質問をされたのかがわからない、土地の形状が変わるのだから、それに対して対応策をとるのは当たり前の話で、それをなぜおかしなことのように言われるのですかという質問を逆に受けたという話があります。

それから、容積率の限定と厳格な高度規制による高層マンションの規制等を考えていく必要があるのではないか。これは全面的にダメだという形ではなくて、一つには、ダウンゾーニングという形をとった上で、特例許可が可能という仕組みをつくっていけば、建物を建てることは最終的には不可能ではないのですね。ただ、それを一応は制限していくという発想です。

　そのときに、建築確認という条件を満たせば建物が建てられるという制度から、裁量性のある許可制度に変わりますので、都市計画による人口や住宅制限というものを都市計画の中にきちんと書き込んで、それに沿う形で特例許可制度を運用していくという形をとっていく必要があります。こういう形をとっておけば、空き家対策は本質的に進められるだろうと思います。

　実はきのうまでドイツに行っていたのですが、バイエルン州の比較的古い都市の一つであるアウクスブルクという人口23万人ぐらいの都市に行きましたが、空き家はどの程度のパーセンテージですかと聞いたところ、基本的には2％ぐらいしかない。空き家ができても、すぐに埋まってしまう状態で、ほとんど空き家はない。ただ、そこで思ったのは、日本でこういう対策を進めるというと、常に「味わい」や「色気」みたいなものが余りない政策になっていくのですね。先ほど北村先生も言われましたけれども、尾道がなぜ成功しているかというと、そこが持っている「まちの魅力」をきちんと打ち出したのですね。

　実はヨーロッパも、トスカーナ地方のような観光地になっているところであっても人口減少は極めて深刻な問題ですし、フランスのプロバンスでも同じで、空き家は大問題になりました。しかし、そのときにどうしたかといえば、そういうところでは、その地域の魅力をいかに人に知ってもらうかという方策を打ち出したのですね。そこにある古い歴史的建造物を大切にして、それを再生していく。そして地域に新しくやって来る人を増やしていくという政策をとった。その地域の顔となるもの、魅力となるような文化や歴史をいかに生み出していくかということと併せてこういう対策をとっていかないと、おそらく空き家対策はなかなかうまくいかないだろう、ただ形だけの同じような対策をとっても、本質的には前に進まないだろうと思っています。

第4章　空き家の解消のために、いま必要な取り組みは何か　133

千葉の現状

幸田　ありがとうございます。今、小島さんから流山という名前が出ました。東京近郊ということで、千葉県の現状についてはいかがでしょうか。

伊藤　簡単にご説明したいと思います。ちょうど今の小島さんのご説明に当てはめるような形になるのですが、2015（平成27）年の国勢調査を見ますと、5年前と比較して世帯数で9万1175戸が増えたということになっております。人口減少と言われつつ、県内では世帯数で確か人口も微増であったと思いますので、必ずしもそれが当てはまらないとは思うのですが、それではその間、住宅はどれだけ建っているのか。毎年4万戸から5万戸が建っているそうで、単純に5を掛けると、20万戸から25万戸が建っている。要は増えた世帯に対して倍以上の住宅が建っているということになります。取り壊された住居もあるのかもしれませんが、素人目に見ても、やはり供給過剰ではないかと思います。

　空き家の割合というのは、1998（平成10）年以降は余り大きな変化はなさそうですが、別荘、あるいは賃貸、売却用の住宅という趣旨での空き家、住宅を除いた問題のある「その他の空き家」の割合は、冒頭に北村さんのご説明にもあったとおり、順調に増えているという結果が出ています。

　千葉県の場合は地域差がどうしてもあります。北西部は東京に引っ張られる感じで、東京の影響がかなり強い。東総あるいは南総と言われる地域は、そういった影響も非常に少ない。それぞれ空き家の発生原因は、おそらく異なってくるだろうと思います。

　県の東あるいは南のほうは、高齢化と人口の流出が空き家の形成原因であると思われますが、それ以外にも、私が裁判所に行くと、しょっちゅう田んぼが潰れて次々と賃貸住宅ができ上がっているのですね。これが全部埋まっているのかどうかよくわからないのですが、そんなに人が増えているのだろうか、これも素人目ですが思っているところです。

　逆に北西部ですが、「駅前の人口集中」というものがあるようでして、先ほど小島さんの説明にあった流山ですが、駅前に大きなマンションが建ちました。相続財産管理人をやったある弁護士から、流山の駅から離れた戸建て

住宅を売ろうとしたら、そちらに移り住む人がいなくてなかなか売れないということで、それも空き家の状態になってしまっていますが、こうした形で空き家が出てきているという話を聞いています。

幸田 田處さん、いかがでしょうか。

田處 今のお話を伺っていて、千葉県の現状、毎年4万棟から5万棟が、農地を潰してまで着工されている。しかし、必ずしも埋まっていない。そうしたところについて、先ほどの小島さんのお話からすると、政策的にあえてそういう状況がつくられているということが感じられなくもない。自然に住宅が増えて空き家が増えているというよりは、政策の誤りがそうしたことの原因になっているという、全くの推測ですが、そのような印象を持ちました。

空き家問題と都市計画

幸田 北村さん、今の点についてはいかがでしょうか。

北村 土地所有権は日本では強いというお話が、しばしば出てきました。確かに憲法29条1項は、財産権はこれを侵してはならないというように、かなり強烈な規定ぶりをしていますけれども、ご案内のとおり2項は公共の福祉による制約が合憲的に可能と書いてあります。要は公共の福祉に、どのような豊かな内実を盛り込むのかです。

良好な住環境の形成という政策のために、家屋や土地を適正に管理せよという義務をかける。この辺りは言えそうな気がします。用途規制、集団規制にもつながりますが、これは利用されるときにそれをどう抑え込むかという発想でやります。ところが、空き家問題というのは、利用がなされないからこそ起きる問題でありまして、従来の都市計画の発想とは前提を異にしており、想定外です。

また、空き家というのは、「面的」に発生するのではなくて、基本的には「点的」に発生する。ポツポツと発生していきます。空家対策特別措置法が都市計画法の特別措置法ではなくて、建築基準法の特別措置法であるという点にもこうしたことがあらわれているという気がいたします。都市計画という観点からも、空き家問題にどうアプローチするのかということになります

と、そのエリアにおいて、あってはならない状態として、不適正老朽空き家というものを捉えることになりますので、個別対応するということが考えられるかもしれません。

しかし、現行の用途規制は相当アバウトに設けられています。それを空き家に関するところにまでブレークダウンした形で決めるのもなかなか難しそうな気がします。また、ルールを決めて、これはおかしいとなってきますと、都市計画法的にはストックとして存在する空き家が結構あるはずですから、これにどう対応するのか。既存不適格ではありませんけれども、難しい問題がある。都市計画のアプローチは私も考えていますが、なかなかいい解が見つかりません。

幸田　ありがとうございます。空き家の根本的な発生原因という観点で、小島さんから都市政策の問題、都市計画の問題、それから住宅政策との関連という政策的な観点から解決しなければならないというお話を聞きましたが、まさに今、老朽化した空き家を撤去する、あるいは適正管理する、これはある意味で対症療法です。そういうことを一生懸命やることは大変重要なことで、自治体自身も取り組んでいるところですが、しかしまた、そういった対症療法をしていっても、空き家はどんどん増えていくということになると、とても追いつかない話です。そういった政策的な問題として大きく捉えて解決を図っていく視点は、大変重要であると思います。

今、そういう観点で千葉の現状も含めてパネリストの方からご発言がありましたが、今後の都市計画はどうあるべきか、あるいは住宅政策はどうあるべきかということについて、最後に小島さん、いかがでしょうか。

小島　実は日本国内でも、もしくは都市計画の問題でも、人口減少の社会にどのように対応していくのかが非常に大きな問題となっています。国土交通省も何もしていないわけではなくて、いわゆる「コンパクトシティづくり」に向けた具体的な政策導入を図って、いくつかの自治体では、それに向けた計画づくりもしていると思います。

ただ、そういう法制度を見ていても、先ほど例に挙げた、ヨーロッパで既に起きた人口減少に対して、どのように対応したかというところと比較する

と、ヨーロッパはまちの魅力を高めていく中で、同時に人口減少に対応していくような「まちづくり」を進めていった。その前提としての厳格な土地利用規制があるという形になっていると思います。日本の場合は、その二つの要素が欠けているのですね。厳格な土地利用規制とまちの魅力を高めていくということを同時に並行してやっていかないと難しいのではないか。

　今、日本全国でかなり問題になっていますが、同じようなことは例えば東京都内で見ると既に経験してきている話です。例えば、流山や武蔵小杉はいろいろなものをつくっている。同じように人口が急増する中で、公共施設をたくさんつくったけれども、今は全部潰して、別の物に変えているという経験をしています。

　例えば、東京都内で具体的に名前を挙げれば足立区ですね。足立区は、1960年代から70年初めにかけて人口が急増しました。その結果、60年代から70年代にかけてたくさんの小学校をつくりました。保育園などの施設もつくりました。今はどうなっているのか。60年代後半から70年代につくった小学校は全部、統廃合でなくなりました。一度つくったものを全部廃止するという、おそるべき無駄遣いを、ある意味でしてしまっている部分があります。

　こういうことを考えますと、20年後、30年後に同じようなことが日本国内のあちこちで起きるわけです。今、空き家対策を議論していながら、それと全く矛盾するようなことを一方で進めているというこの事態を何とかしていかないと、とても間に合わないと思います。そういう意味では、今、対策をとっていかないといけないのではないかと思います。

4. 今後の空き家対策の政策の方向性

住宅供給過剰から抑制への転換を

幸田　ありがとうございます。大分、時間も迫ってきましたが、今後の空き家対策の方向性ということで、国の政策、自治体の政策の両面からそれぞれご発言をいただきたいと思います。最初に、自治体行政に詳しい伊藤さん

からお願いします。

伊藤 まず、根本的には、やはり住宅の過剰供給があるのだろうと思いますので、これを何とか阻止しなければならない。当然、過剰供給されたということになれば、空き家が残ってしまう形になるので、大きな枠組みとしては、それをデメリットとするような制度をつくる形で政策形成をしていかなければならないだろうと思っています。

個別の空き家問題に関しての自治体の施策ですが、空家法という法律はできました。これまで説明がいろいろあったかと思いますが、使い勝手の悪い部分がかなりある。自治体のカスタマイズというのがそこで可能であるという解釈はここで可能なわけですから、地域の実情に合った形で、ポイント（点的）で、ということになるかもしれませんが、その対策をとっていく。法律の使えるところは使って、あとは自治体の条例で埋めるという構想で考えていくほうがよいのではないかと思います。

空き家が発生して、それを放置しておくということになれば、空き家のある地域はどうしても魅力を失うことにならざるを得ない。空き家だらけの土地に引っ越してこようと思う人はなかなかいないわけですが、自治体の"財源・人"も限られています。その中でどうするかですが、空き家が仮に生じてしまったら、本来的には所有者の問題になるのですが、それを地域の問題に広げて捉えてもらう機会をうまくつくるというのが自治体の一つの役割で、地域の人たちの、一人ひとりの協力自体は少しであってもよいと思うのです。どうにかしてそれを引き出す施策というものをとれないかということを考えているところです。

幸田 田處さん、いかがでしょうか。

田處 今、伊藤さんからご指摘がありました冒頭の部分は、まさしくそのとおりであるという印象を持っています。住宅供給が過剰になってしまうことをどう抑制していくのかを考えていかないと、この問題は解消に向かわない感じています。これまで住宅産業というものは、いろいろなところに消費が拡大していくので、そういう意味ではわが国の経済の発展を語る上では一つの重要なファクターでしたが、その辺の発想の転換が必要だという感想を

持っています。

幸田　北村さん、いかがでしょうか。

北村　供給する側から見ると、なぜつくるのですかといえば、マーケットが求めているから、おそらくそういうことになりますね。マーケットが全く求めていないものをつくったら、株主総会でひどい目に遭いますから、一応、正当性があるということは言わざるを得ない。これをどうするかです。空き家問題と申しますのは、縮退時代に入ったこの国の超現代的な課題です。住宅政策の弊害というツケの氷山の一角があらわれたのです。

一方、市町村でも、きょうご参集の空き家担当の方々は、大変な思いをなさっている反面、全体として見れば人口増はウェルカムです。建設増を抑える方向での政策は、政治家としてはとりにくいというのはもっともなことであろうと思います。前提として建築不自由というのがある諸外国とは違う。諸外国はそれによって人口のキャパシティコントロールができているわけですが、そうしたことがないという大きな違いがある。

ところが、これを座視していたのでは破滅に進むだけですから、いろいろなことを考える必要があります。それを可能にしているのが現在の容積率ですが、日本の容積率というのは、いわば課題設定されていまして、要はダブダブの服を着せているようなものです。昔はダブダブの背広に人気がありましたが、今はピシャッとしたスリムなスキニーであるとかそういうものに人気があります。同様に体に合ったものを考えていく時代であるということです。

一方、まちの拡大というものによる受益者は、固定資産税収入、住民税収入が増える市町村なのかもしれません。しかし、先ほど来、お話がありますように、ポツポツとなくなってしまえば、残されたインフラのメンテナンスコストを一挙に引き受けることになります。では、それをつくったディベロッパーはどこにいるのかというと、多分どこかに行ってしまって、そこには残らないことになります。これをどうするかです。

少し話は飛びますが、かつて、1990年代に容器包装リサイクル法というものが議論され、制定されました。それまで、ペットボトル等々は誰が処分

するのかというと、これは一般廃棄物ですから、普通に家庭のごみの日にどんどん捨てていた。それが容積でいうと一般廃棄物の7割も占めている。それを全部、税金を使って処理していました。結局、ペットボトルの飲料メーカー、トレーメーカー、そこに入れるボトルの中身メーカー、これらが税金を使って自分たちの処理費用を支払っていないのではないかということが言われまして、拡大生産者責任という発想のもとに容器包装リサイクル法ができ、一定の費用負担をしてもらうような仕組みが整備されたのですね。

そのときも飲料メーカーは、消費者が求めているのだから、それをつくって何が悪いのかという発想だったのですが、不公平さに注目して、自由に制約をかけた。これも憲法29条2項にいう公共の福祉の一つの内実化ですね。これを住宅政策に当てはめるというのは荒唐無稽かもしれませんが、何らかのメタレベルでの発想が必要になってきているのではないでしょうか。

魅力ある町づくりも重要

幸田 今、お話がありましたように、特に都心部では「待機児童問題」もかなり深刻化しています。これも住宅が多く建設されることによって、自治体にツケが回っているということがいえますので、そうした非常に大きな政策を横断的なレベルで考えていくということは大変重要なのではないかと思うところです。小島さん、いかがでしょうか。

小島 今の北村先生のお話にあったように、負担を適切にしていってもらう。それによって住宅建設を結果的には止めるということは一つあり得ると思います。つまり新築住宅をつくる場合に、それに伴って公共施設の負担は当然に出てくるわけですから、そういう負担をきちんと新築住宅の建設のときにカバーしてもらう。ただ、それだけでよいのかというところもあって、同時に、全体としての住宅政策なり人口政策をきちんと各自治体が持って、全体をコントロールしていくという発想を持つ必要があると思います。

今までは新築に住宅業界や建築業界が依拠していたわけですけれども、ドイツでは先ほど言ったように4分の3がリフォームで、それで十分に建築業界は潤って成長しているのですね。この間も実際に行って見てきましたが、

建物が非常に分厚い省エネ対策をとっていて、ほとんど外部からのエネルギーなくして建物自体のエネルギーが賄えるというところまでやっています。当然、それだけの改装をすれば、そこに大変な仕事が発生しますから、そういう仕事をどんどん請け負うことで、地域の建築業者は食べていけます。さらに彼らの言葉によれば、省エネ設計をすることは、同時に外部のエネルギーに余り依拠しない。外部のエネルギーというのは化石燃料のことですが、化石燃料を買うということは結局、その地域の富が、ある意味ではアラブ諸国に移っていくだけの話でしょう。それが外に行かずに地元に残って、かつ地元の人々の生活がよくなるのであれば、それにこしたことはないのだから、省エネ改修等にコストをかけて、古い家をきちんと活用していくということを考えています。日本では耐震改修の問題になるのかもしれませんが、そういうことをやっていくことによって、まちは十分維持できるし、空き家も発生しない形になっていくのだろうと思います。

その点で言うと、空き家対策のためには、やはり「魅力あるまちをいかにつくっていくか」というのが大きなポイントになってくると思います。魅力のないまちは、空き家があっても対策が進まない。尾道は本当に借り手が山のようにいるけれども、貸し出す物件がないという状態になっています。

実は尾道だけではなくて、私は松江にも一度、空き家の問題で話を聞きに行ったことがありますが、そこでも借り手希望者のほうが圧倒的に多いのです。しかも空き家もあるのです。ところが両者が全然マッチングしていかないという状態があります。仕方がないので諦めて、郊外に新しい物件を建てて何とかするということになる。そこのところを改善するだけでも大分、状況は変わってくると思います。

そのようなまちの魅力があるところをつくり出していけばよい。松江も古くてよいまちですが、まちの魅力を活かしていくことができれば、空き家対策も何とか講じることができるのではないかと思います。

今後は空きマンションも大きな社会問題に

幸田 政策的な課題ということではいろいろな議論が必要かと思いますが、

最後に一言ずつ、「今後の空き家対策に向けて」ということで簡単にご発言をいただければと思います。最初に田處さん、お願いします。

　田處　最後ということですので、私の感じているところを一つご紹介いたします。今、空き家としてわれわれがイメージしているものは戸建てのことかと思いますが、今後、心配しておかなければならないのが、分譲マンションの空き家問題が出てくるかもしれないということです。

　そう申しますのは、いわゆる第一次マンションブームが昭和30年代と言われていますが、それから半世紀以上が既に経っています。築年数の経ったマンションでも人が住んでいてきちんと管理・修繕されていればよいのですが、そうでなくて、それこそ空家法の特定空家の定義そのままのような、放置すれば倒壊等著しく保安上危険となるおそれがある状態になったとき、どうするか。

　一つには、所有権の処理が問題です。戸建てであれば普通、所有者は一人ですので、その一人を相手にすればよいのですけれども、マンションは集合住宅です。もし取り壊すということになった場合、みんなの合意が要るのですね。建て替えるならば、区分所有法で区分所有者の議決権5分の4以上の賛成があれば建て替えはできますが、取り壊して再築しないということになると全員の合意が要るというのが、今の法制度上の仕組みです。

　そうすると、先ほどの冒頭のところで話題になりましたように、戸建てであっても相続が発生して、それが共同相続ならば所有者が一人では済まない。所有者全員にたどり着くのに自治体も苦労しているという実態があるわけで、そうした中でマンションの場合に全員の合意を取り付けるというのは、現実問題として不可能であると言わざるを得ないと思います。そういう意味では、北村さんから先ほどお話がありましたように、民事関係を整理できる法理論が必要になってくると思います。

　これは制度の問題ですので、乱暴な言い方をすれば、そのように法制度を改めれば済むともいえますが、より問題なのは、先ほどの北村さんのリサイクル云々というお話とも通じるところがありますが、費用の問題ですね。戸建てですと、今は分別処理の問題があってガラガラガシャンと潰すわけには

いきませんが、それでも 100 万円前後のお金で潰すことができますが、マンションは頑丈につくっていますので、多額の費用が発生します。潰すお金をどうやって工面するのかも考えていく必要がある思います。

　幸田　ありがとうございます。マンションは大変に大きな問題で、戸建てを中心に空き家対策についてみな苦労をしながら取り組んでいますが、数年経てば、空きマンションが大変大きな社会問題になるだろうと言われているところです。マンションに人が住まなくなると治安上の問題だけでなく、まさにゴーストタウンになってしまうという地域も出てくるのではないかと言われております。田處さんからお話がありましたように、区分所有権等々の多くの問題がありますので、本日は十分に取り上げることができませんでしたが、重要な課題であると認識しているところです。伊藤さん、いかがでしょうか。

　伊藤　先ほどの北村さんのご説明で空家法というものが点的な問題、点としての問題を処理するというお話をなさっていたかと思います。一方、小島さんからは地域的な問題、地域の魅力をどうやって発信するかという問題が、空き家対策を解決する方法ではないかというご説明があったかと思います。

　私も、空き家問題というものは、空家法が考えている定義だけではなくて、もう少し広がりを持って捉えなければならない問題なのだろうと考えています。

　先ほど申し上げたことと重複してしまうかもしれませんが、先日、国土交通省の説明会に行ったというお話をしたかと思いますが、そこで地方公共団体、民間業者、住民などが協力して、住宅団地に関する再生連絡会議を立ち上げたという話を国土交通省の担当者がしていたのですね。ただ、そこでやっていること自体は、基本的には調査・研究・意見交換ぐらいのことです。それでは、実際に空き家問題が発生する地域において、どうやって具体的な対策を立てるのかというと、そこまで話は進んでいない。これを自治体で枠組みづくりするというのが一つの解決方法ではないかと思っているところです。

　幸田　ありがとうございます。小島さん、いかがでしょうか。

第 4 章　空き家の解消のために、いま必要な取り組みは何か　143

小島　少し内輪の話になりますが、弁護士会としても、ある種の専門家集団としては、このシンポジウムでこういう話をしましたということで終わりにするのではなくて、できることならば、きょうを一つの基点として、この問題についてどのような提言が取りまとめられるのかということまでを考えていくことができれば、よりよいと思っております。

　幸田　ありがとうございます。最後に北村さん、いかがでしょうか。

　北村　マンションを壊すのにいくらかかるかというのはわかりませんね。空家法の実施例では、妙高市が4階建ての鉄筋コンクリートの旅館を潰したところ、2,200万円かかった。アスベストが用いられていれば、おそらくこの2倍はかかったでしょう。マンションは、確実に市町村の手に余ります。都道府県でもそうでしょう。例えば、市町村でもマンション条例を持っているところはポツポツとあります。豊島区などがそうです。大体、管理組合をどうしようかというようなソフトの話になっています。ハードについては、国の出番であると思っております。

　幸田　ありがとうございます。条例でできない、あるいは自治体では手に余ることこそ、国でやる。自治体ができることは自治力を活かして、自らの地域の実情に合わせて取り組んでいく。これがまさに分権時代における地方政府、また中央政府の役割であるということがいえると思います。

　きょうは空き家問題という、全国で自治体が非常に苦労して取り組んでいる重要な課題ということで、大変多くの方にご参加いただきました。

　本日のテーマは、シンポジウムの表題にもありますように、日弁連が自治体の空き家対策の実態を明らかにすべく全国実態調査を実施いたしまして、この結果を踏まえて、空き家対策の実効性を高めるためにはどのような取り組みが必要であるかということを考えようというものでした。

　パネルディスカッションでは、空き家条例・空家特措法に関する研究では第一人者である行政法学者の北村さん、また空き家の所有者問題に関する全国の実態に大変お詳しい民事法学者の田處さん、また、まちづくり、都市計画、環境問題に詳しい弁護士の小島さん、また自治体行政に詳しい伊藤さんとい

う多様な立場の方々で、多角的な視点から議論を行ってきたところです。空き家対策は空き家の適正な管理のみならず、空き家の再生・利活用への取り組みとともに、空き家を発生させる原因への対処が重要であるということで、大変に幅広い課題です。パネリストの方々におかれては、限られた時間の中で十分に発言できなかった点も多々あるかと思いますが、問題の所在、また解決方策の方向性についての一定の議論ができたのではないかと思っております。

　きょうのシンポジウムが今後の自治体の空き家対策の取り組みの一助になることを期待して、以上でパネルディスカッションを閉じさせていただきます。最後にパネリストの皆さんに拍手をいただければありがたいと思います。（拍手）どうもありがとうございました。

資料1 （110頁注1参照）

御質問	回　答
特定空家等と判断される建物所有者の全ての相続人が相続を放棄していたとしても、相続財産管理人が選任されていない場合は、当該相続を最後に放棄をした者を所有者等とみなして、当該特定空家等に対する措置の助言・勧告を講じたり、当該措置を命じたりすることは可能か。	民法第940条第1項により、相続放棄者は「その放棄によって相続人となった者が相続財産の管理を始めることができるまで、自己の財産におけるのと同一の注意をもって、その財産の管理を継続しなければならない」とされています。したがって、例えば相続人が5人いるケースにおいて、4人が相続放棄した後最後に相続を放棄した者は、他に相続人となる者がいなくなることから、相続財産管理人が選任されるまでの間、民法第940条第1項に基づく財産管理義務（以下「民法第940条義務」という。）を負うこととなります。 　一方、空家法第3条においては、「空家等の所有者又は「管理者」は、周辺の生活環境に悪影響を及ぼさないよう、空家等の適切な管理に努めるものとする」と規定されているところ、この「管理者」の中には空家等を事実上管理している者（例えば、空家等の管理代行サービスを所有者から引き受けている法人など）を広く包含するものと解されています。 　したがって、民法第940条義務を負う「最後に相続を放棄した者」も、空家法第3条の「管理者」に含まれるものと考えられます。 　また、「（相続）放棄者による管理行為は民法第103条の範囲に限られ、処分行為は含まれていない」（『新版注釈民法（27）』P 635）とされており、民法第940条義務は基本的に相続人間のものであり、例えば相続財産の近隣住民など第三者一般に対する義務ではないことから、民法第940条義務を負うこととなる「最後に相続を放棄した者」は、まず空家法第3条の努力義務を負うこととなりますが、民法第940条義務はあくまで「相続人間のものであり、第三者一般に対する義務ではない」ことから、「最後に相続を放棄した者」については、そのような民法第940条第1項により義務付けられた範囲以上の努力義務を空家法上負うことはないと考えられます。 　以上の整理に従えば、仮に民法第940条義務を負うこととなる「最後に相続を放棄した者」が空家法第14条第1項に基づく助言又は指導や同条第2項に基づく勧告を市町村長から受けたとしても、そもそも当該「最後に相続を放棄した者」には第三者一般との関係で民法第940条義務を負っているわけではないことから、当該「最後に相続を放棄した者」に空家法第14条第1項又は第2項に基づく「必要な措置」を行う権原はない（すなわち、当該「最後に相続を放棄した者」は市町村長による助言・指導又は勧告の名宛人にはなるものの、必要な措置を講ずる権限がないことから、助言・指導又は勧告を講ずる実質的な意味がない）と考えられます。また、「必要な措置」を行う権原がないことは空家法第14条第3項の「正当な理由」に該当することから、そのような者に対して市町村長は当該必要な措置を命ずることはできないと考えられます。 （参考） ○民法第940条第1項（相続の放棄をした者による管理） 　相続の放棄をした者は、その放棄によって相続人となった者が相続財産の管理を始めることができるまで、自己の財産におけるのと同一の注意をもって、その財産の管理を継続しなければならない。 ○民法第103条（権限の定めのない代理人の権限） 　権限の定めのない代理人は、次に掲げる行為のみをする権限を有する。 　一　保存行為 　二　代理の目的である物又は権利の性質を変えない範囲内において、その利用又は改良を目的とする行為
上述のような場合に、市町村長は特定空家等に対して空家法第14条第10項に基づく略式代執行を行うことは可能か。	当該特定空家等の管理者が当該「最後に相続を放棄した者」以外に確知できないことについて過失なく立証できるのであれば、当該特定空家等について必要な措置を市町村長が空家法第14条第10項に基づき略式代執行することも可能と考えます。

資料2（112 頁注 2 参照）

機密性 1

2017 年 6 月 27 日
1 年（2018 年度末）
理・国有財産業務課

事　務　連　絡
平成 29 年 6 月 27 日

各財務（支）局管財（第一）部長
沖縄総合事務局財務部長　　殿

理財局国有財産業務課長

明　瀬　光　司

国庫帰属不動産に関する事務取扱について

　民法（明治 29 年法律第 89 号）第 959 条の規定による残余不動産のほか一般社団法人及び一般財団法人に関する法律（平成 18 年法律第 48 号）の規定等による清算法人の残余不動産の国庫帰属に係る事務取扱については、平成 18 年 6 月 29 日付財理第 2640 号「物納等不動産に関する事務取扱要領について」通達によるほか、下記によることとしたので了知されたい。

記

目　次
　第 1　用語の定義
　第 2　相続人不存在不動産
　第 3　その他の国庫帰属不動産

第 1　用語の定義
　　　本事務連絡において使用する用語の定義は以下による。
　1　相続人不存在不動産
　　　相続人が不存在の相続財産で、民法第 959 条の規定により国庫帰属される不動産
　2　相続財産管理人
　　　民法の規定に基づき家庭裁判所が選任した相続財産の管理人
　3　補完
　　　国庫帰属関係書類の訂正や提出又は相続人不存在不動産を引き受けるために必要な事項の措置

第 4 章　空き家の解消のために、いま必要な取り組みは何か　147

4　財務局等

財務局、財務支局、沖縄総合事務局、財務事務所、財務局出張所、財務支局出張所、沖縄総合事務局財務出張所及び財務事務所出張所

第2　相続人不存在不動産

1　事前協議及び国庫帰属不動産引継書の受理

(1)　財務局等は、相続財産管理人から、相続人不存在不動産に関する相談があった場合には、所要事項について、事前に協議・打合せを行い、円滑な引継ぎに努めるとともに、必要に応じ、相続財産管理人に対して、清算に必要な弁済額以上の換価を行う必要がないこと等の説明を行う。

(2)　財務局等は、相続人不存在不動産が確定した場合には、所在地・区分・種目・構造及び数量のほか引継ぎの事由を記載した国庫帰属不動産の引継書（様式例別紙1）及び以下の添付書類を受理する。なお、土地・建物測量図及び境界確定協議書の作成について費用支弁が困難であること等により相続財産管理人の同意が得られない場合には、添付を不要とする。

①　位置図・案内図

②　公図写

③　土地・建物測量図

④　境界確定協議書

⑤　不動産登記事項証明書（全部事項証明）

⑥　相続財産管理人資格証明書（家庭裁判所審判謄本写又は選任公告官報写）

⑦　相続財産管理人印鑑証明書

⑧　民法第 957 条及び第 958 条の手続完了を証する書類

⑨　民法第 958 条の 3 の審判確定又は申立てのなかったことの家庭裁判所の証明書

⑩　固定資産税評価証明書及び納税証明書

⑪　相続人不存在不動産の権利関係を証する書類（賃貸借契約書等）

⑫　所有権移転登記承諾書

2　現地調査

(1)　財務局等は、引継書を受理した場合には、相続財産管理人と日程調整の上、引継書に記載された不動産の現地調査を行う。なお、現地調査は、引継書受理前の事前協議の段階において行うことも妨げない。

(2)　相続財産管理人が遠方である等やむを得ない理由により立会いをするこ

とができない場合は相続財産管理人の立会いを、また、公図混乱地域等で現地の特定が困難な場合は現地調査を、それぞれ省略しても差し支えない。

3　補完の依頼

（1）　財務局等は、前記2の現地調査の結果、補完事項がある場合には、相続財産管理人に対し、原則として、文書により補完を依頼する。補完の依頼は、引継書受理前の事前協議の段階において行うことも妨げない。

（2）　財務局等は、補完を依頼する内容について、現地調査時においても、相続財産管理人に対し、可能な限り具体的に説明する。

4　引受事務

　財務局等は、相続財産管理人から相続人不存在不動産を引き受ける場合には、相続財産管理人と受渡証書（様式例別紙2）を取り交わすとともに、相続財産管理人から所有権移転登記承諾書を受領する。

5　台帳整理

　財務局等は、受渡証書に記載の受渡日をもって国有財産台帳に登載する。その際の増減事由用語は「帰属」とし、国有財産総合情報管理システム上の取得事由コードは「帰属（相続人不存在）」とする。なお、相続人不存在の相続財産であって、家庭裁判所の審判により、民法第239条第2項の規定による国庫帰属が認められた場合における同システム上の取得事由コードは「帰属（無主の不動産）」とする。

6　登記の嘱託

　財務局等は、相続人不存在不動産の所有権移転登記を嘱託する場合には、「所有権移転登記承諾書」を添付する。

7　留意事項

（1）　相続人不存在不動産については、管理又は処分をするのに不適当であっても、引継ぎを拒否することができないので、補完を依頼する内容については必要最小限のものにとどめ、相続財産管理人の協力を求めること。また、相続財産管理人の財務局等への引継ぎ及び添付書類の作成等に要する費用は、相続財産の中から支出できることになっており、測量図の作成や現地調査の結果等について、財務局等が補完を依頼することは差し支えないが、相続財産管理人の同意が得られない場合には、強制することができないので留意すること。

（2）　相続人不存在の相続財産については、相続財産管理人において清算を終了し、民法所定の手続を経ていれば、民法第959条の規定により国庫帰属と

なることに留意する。ただし、不動産登記簿に担保権が設定されたままの相続財産については、担保権の抹消登記がなされるまで清算終了していないことから、民法第959条の残余財産に該当しないことに留意する。

(3)　相続人不存在の相続財産に係る帰属（所有権や借地権等）を巡って相続財産法人を当事者とする民事訴訟が係属している場合については、当該財産が残余財産に該当するか未確定の状態であることから、国庫への引継ぎの手続は、その訴訟等において相続財産であることが確定した後に行うべきことに留意する。

第3　その他の国庫帰属不動産

一般社団法人及び一般財団法人に関する法律の規定等により清算法人の残余不動産が国庫帰属される場合等の取扱は、前記第2に準ずる。なお、国有財産台帳に登載する際の増減事由用語は「帰属」とし、国有財産総合情報管理システム上の取得事由コードは「帰属（その他）」とする。

以上

様式例別紙 1

平成〇〇年〇〇月〇〇日

国 庫 帰 属 不 動 産 引 継 書

財務省〇〇財務局〇〇財務事務所長　　殿

〇〇市〇〇区〇〇町〇〇番地
被相続人〇〇〇〇　相続財産管理人
〇　〇　〇　〇　　㊞

下記の不動産を引き継ぎます。

記

1．不動産の表示

所　　在	区　分	種　目	数量（㎡）	摘　要
〇〇市〇〇区〇〇町〇〇番	土　地	宅　地		
〇〇市〇〇区〇〇町〇〇番地	建　物	居　宅		

2．引継の事由

上記不動産は、

本　　籍　　〇〇市〇〇区〇〇町〇〇番
最後の住所　〇〇市〇〇区〇〇町〇〇番地
亡　〇　〇　〇　〇

の所有不動産であるところ、上記被相続人〇〇〇〇は相続人のあることが明らかでなく、民法第951条・第952条・第953条・第957条・第958条・第958条の2・第958条の3の所定の手続を経て、民法第959条に基づき国庫へ帰属せしめるものである。

3．財産の現況

(1)　土地

本件土地は、更地部分と賃貸部分とがある。

①　更地部分　〇〇〇㎡（ただし公簿面積）
　　　　　　　　　　　　（実測面積〇〇〇㎡）
②　賃貸部分　〇〇〇㎡（実測面積）
賃貸借契約書は別添のとおりであるが、賃料は平成〇〇年〇〇月分まで領

収済である。

⑵　建物
　　（利用状況を記載する。）

4．その他参考事項
　⑴　被相続人死亡場所及び年月日
　　　○○市○○区○○病院　　　　　平成○○年○○月○○日
　⑵　相続財産管理人選任審判年月日
　　　　　　　　　　　　　　　　　　平成○○年○○月○○日
　⑶　相続人捜索完了年月日
　　　　　　　　　　　　　　　　　　平成○○年○○月○○日
　⑷　特別縁故者への分与審判年月日
　　　　　　　　　　　　　　　　　　平成○○年○○月○○日
　⑸　審判確定日
　　　　　　　　　　　　　　　　　　平成○○年○○月○○日

⑹その他

5．添付書類
　　（添付した書類名を記載する。）

（注)各項目は、引継財産に合わせて適宜修正すること

様式例別紙2

引 継 引 受 財 産 受 渡 証 書

受渡　平成〇〇年〇〇月〇〇日

渡　　被相続人〇〇〇〇　相続財産管理人
　　　〇〇市〇〇区〇〇町〇〇番地　　　　〇　〇　〇　〇　　㊞

受　　財務省〇〇財務局〇〇財務事務所長　　〇　〇　〇　〇　　㊞

民法第959条の規定に基づき、下記不動産の受渡を了した。

記

不動産の表示
　所　在　　〇〇市〇〇区〇〇町
　地　番　　〇〇番〇〇
　地　目　　宅　地
　数　量　　〇〇〇. 〇〇平方メートル

【説明】

　国庫帰属不動産に関する事務取扱については、現在、物納通達（平成 18 年 6 月 29 日付財理第 2640 号「物納等不動産に関する事務取扱要領について」通達）に定められているが、本通達は、物納不動産の事務取扱については詳細に規定されているものの、国庫帰属不動産の取扱いについては、概略のみが記載されているため、今般事務連絡を発出するものである。

付 録

「空家法」施行1年後の
全国実態調査　集計結果

【対象】 1,741 市区町村

【有効回答数】 702市区町村 （回答率） 40.32%

1．貴自治体の属性

問1　貴自治体は次のいずれに当たりますか。該当する番号1つを選択してください。

		回答数	割合※
①	市	403	57.4%
②	特別区	12	1.7%
③	町	248	35.3%
④	村	39	5.6%
	計	702	

※有効回答数に占める割合（以下同じ）

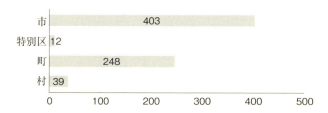

問2　問1で①と回答された自治体についてお尋ねします。貴自治体は次のいずれに当たりますか。該当する番号1つを選択してください。

		回答数	割合
①	指定都市	17	2.4%
②	中核市	34	4.8%
③	施行時特例市	19	2.7%
④	①から③のいずれにも当たらない市のうち人口10万人以上の市	90	12.8%
⑤	①から③のいずれにも当たらない市のうち人口10万人未満の市	243	34.6%
	計	403	

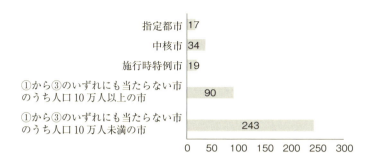

問3　貴自治体は、建築基準法上の特定行政庁（同法2条35号）又は限定特定行政庁（同法97条の2第1項又は同法97条の3第1項）ですか。該当する番号1つを選択してください。

		回答数	割合
①	特定行政庁である	162	23.1%
②	限定特定行政庁である	62	8.8%
③	いずれにも当たらない	470	67.0%
	計	694	

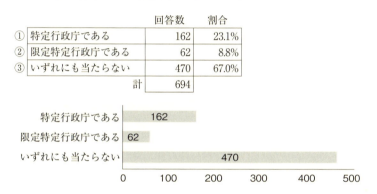

2．空き家条例の制定状況等

問4　空家法の規定内容と同種の規定を有する条例制定の状況について、空家法制定に伴う影響及び現在の状況として、該当する番号1つを選択してください。

		回答数	割合
①	空家法制定前に条例を制定しており、同法制定後に条例を改正した	42	6.0%
②	法制定前に条例を制定しており、制定後に条例を廃止した	6	0.9%
③	法制定前に条例を制定しており、制定後現在に至るまで条例を改正、廃止していないが今後改正又は廃止の予定がある	62	8.8%

④	法制定前に条例を制定していたが、制定後も条例を改正、廃止する予定はない	41	5.8%
⑤	法制定時に条例はなく、制定後に新たに条例を制定した	81	11.5%
⑥	現在も空き家に関する条例は制定されていないが、今後制定する予定がある	144	20.5%
⑦	現在空き家に関する条例は制定されておらず、今後も制定する予定はない	323	46.0%
	計	699	

(グラフは52頁参照)

問5　問4において①、③、④又は⑤と回答された自治体についてお尋ねします。貴自治体の条例検索システム上のURLを入力してください（なお、該当ページに直接リンクするURLが存在しない場合の御入力は不要です）。

問6　問4において①、③、④又は⑤と回答された自治体についてお尋ねします。貴自治体の条例の特徴を説明してください。（自由記載）

問7　問4において①から④と回答された自治体についてお尋ねします。空家法制定以前に条例を制定した際に、最も主導的な役割を果たしたのは誰になりますか。該当する番号1つを選択してください。また、その他を選択した場合は、具体的内容も併せて記入してください。

		回答数	割合
①	貴自治体の長	55	7.8%
②	議会	15	2.1%
③	貴自治体の職員	72	10.3%
④	住民	1	0.1%
⑤	その他	5	0.7%
	計	148	

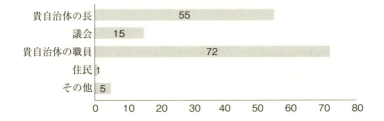

⑤その他

警察署	1
地域の自治区長	1
長諮問機関としての空き家対策検討委員会（区職員、区議会、町会、有識者）を設置し、条例制定を検討した	1
副市長	1
不明	1

問8　問4において⑤から⑦と回答された自治体についてお尋ねします。空家法制定前から、自治体の一部において独自に空き家対策の条例を制定する動きがありました。貴自治体において、空家法制定までに空き家対策条例を制定しなかった理由として、該当する番号全てを選択してください。また、その他を選択した場合は、具体的内容も併せて記入してください。

回答数

①	空き家問題について、住民からの苦情・要望が特になかった	90
②	空き家問題については条例を制定しなくても対応が可能であると判断されていた	150
③	空き家問題は住民同士の問題であり、自治体において対応すべき問題ではないと考えられていた	86
④	空家法の制定の動きがあったことから、同法制定の推移を見守っていた	328
⑤	その他	43

（グラフは 55 頁参照）　　　　　　　　　　　　　　　　　　　　計　697

⑤その他

空き家の活用について要綱で整理していた	
各分野の担当課が現行の制度などで対応していたから	
環境保全条例で対応していた	
環境保全条例の一部で読みとっていた	
景観修景施策として廃屋撤去費を補助することのできる制度を設け、強制力によらない空き家対策を進めていたため	
景観条例を制定している	
生活安全条例等、他法令での対応をしていた	
その他条例により指導・勧告を行ってきた	13
他の条例において対応が可能だった	
町環境保全条例において「空き地等」の定義で対応していた	
法制定前に条例ではなく要綱を制定している	
放置家屋等の適正管理に関する要綱を H23.3 に制定し、要綱に基づいて対応しておりました	
老朽化して危険な状態にある建物（空き家かどうかは不問）への対応を規定した条例を H25.7 に制定している	
空き家については私有財産のため、管理は個人に任せていた経緯があります	

付録　「空家法」施行1年後の全国実態調査　集計結果　159

空き家問題はあくまでも住民同士の問題であるが、住民からの苦情・要望等あった際は話を聞いたり、所在地の区長などに相談していた	
個人財産に関する事に行政が関与すること(自己財産を適正に関与しない者)に行政が関与する事に不公平感を感じる	6
個人の財産であることから、基本的には個人が対応すべきと考えます	
条例制定が、空き家所有者や関係者による責任放棄につながる懸念があった	
条例で対応する必要があり、かつその合理性が認められる場合は、適法であるという解釈はあるものの、条例で財産権を規制することについて、憲法上及び法律上適法であるという決定には至らなかった	
住民からの苦情・要望件数が少なく、個別に対応し直接適正管理を促していた	
条例制定の必要性について特段議論されることがなかった	
条例制定をしなければならないような事象もなく、条例制定の要望等もなかったため	6
条例による対応を必要とするような空家がなかったため	
問合せが少ないため	
本市には空き家の数が少なく、現在のところ空き家対策が課題となっている状況ではありません	
空家等対策の推進に関する特別措置法施行細則にて運用	
規則のみで対応できると判断した	4
国の法整備を待っていた(自治体独自の条例では特定空家等の対策が難しいため)	
条例制定の準備をしていたところ、空家法が制定されたため、同条例の制定を見送った	
上記②と考えるが、所有者の特定作業で情報共有が必要な物件などを除き、原則特定行政庁の権限で対応している現状から、条例化に踏み込んでいませんでした	
道の指針・条例に従う	4
特定行政庁へ建築基準法での対応をお願いしていたため	
本市は特定行政庁でないため	
空家法が制定され、運用していく中で、条例が必要と判断した場合に制定予定であったため	
空き家の実態を把握したうえで、条例化の必要性について検討する	
今年度実態調査業務を行っており、結果をもとに条例制定まで行うべきか検討するため	4
組織や体制作り、条例が目指すところの確立、違法条例の制定リスク等々、制定にあたり情報収集や事前準備が必要	
所管部署なし	4
その他	2

問9 空き家が増加する制度上の原因として大きなものとお考えになるものについて、該当する番号2つまでを選択してください。また、その他を選択した場合は、具体的内容も併せて記入してください。

		回答数
①	中古建物よりも新築建物の取得を優先する税制度	311
②	周辺部から都市部への人口集中を促すような都市政策	275
③	住宅需要を超えた新築建物の建築を容易にするような税制上の措置	200
④	補助金制度	45
⑤	その他	182
	（グラフは 55 頁参照）　　　　　　　　　　　　　　　　　計	1013

⑤その他

空家等の所有者等と思われる方への状況調査では、概ね 7 割の所有者等が本市内に居住している結果から、複数物件の所有者に対する税制度上の策も必要ではないかと思います
空き家となっても、特定空家等に認定されない場合、住宅用地に対する固定資産税の特例措置により、税負担が軽減されるため
空き家を解体し更地にすると税金の免除が受けられなくなる税制度
空き家を解体するより残しておいた方が、固定資産税が安い
空き家を壊すと税金が上がるから。法制定後も壊しても税が有利にならないから
空き家を処分して更地にするより空家のままの方が課税額が安い
空き家を撤去し更地にすると固定資産税の軽減措置が受けられなくなるので、不要な住宅の放置につながる
空き家を取り壊して更地にすると実質的に固定資産税が高くなる
空き家を放置しても所有者が困らないような税制度
居住の実態がなくても、住宅用地の特例の対象となっているため
固定資産税及び都市計画税の住宅用地の特例控除
固定資産税最大 1/6 の軽減措置
固定資産税土地の減免措置
固定資産税における住宅用地による特例措置
固定資産税のいわゆる「宅地軽減措置」
固定資産税の軽減措置（住宅用地の特例措置）
固定資産税の住宅用地特例（8）
固定資産税の住宅用地特例措置（2）
固定資産税の住宅用地特例の適用（2）
固定資産税の住宅用地に対する課税標準の特例
固定資産税の住宅用地の特例措置
固定資産税の特例措置
固定資産税の優遇措置
固定資産税の 1/6 控除
住宅の解体に伴い固定資産税の住宅用地特例措置適用除外となることによる負担増への懸念
住宅用地特例など住宅ストックの供給の視点に偏った税制上の優遇措置
住宅用地特例の存在

58

住宅用地に対する固定資産税軽減措置
住宅用地に対する固定資産税の特例措置
住宅用地の固定資産税の特例制度
住宅用地の特例措置
住宅用地の特例を受けている土地の上に立っている空家を解体した場合その特例がなくなるため、土地の固定資産税が上がる
更地にすることによる固定資産税の取り扱いが不利であること
更地にするよりも空き家のまま残した方が固定資産税が安くなる税制度
更地にすれば固定資産税の住宅用地特例が解除される税制上の措置
税制度（家が建っていると固定資産税が安くなる）
相続された中古物件を処分する際に、税制上の減免措置がないため
相続することが義務でない法令等、所有者が必ず負担するように毎年の固定資産税に除却費相当分を少しずつ上乗せするような事前徴収の仕組みがないため
相続人を明確にせずに放置できる税制度
宅地における固定資産税の優遇
建物があることによる土地の固定資産税の優遇
地方税法上、建物があれば土地の固定資産税及び都市計画税が更地と比べて安いため
地方税法に規定する「住宅用地特例」の対象外となることを懸念して、解体を見送っているケースが多い。
長期間、空き家の状態が続いても固定資産税の特例が引き継がれる現行の税制度の運用上の問題
土地に対する固定資産税の特例
土地の固定資産税軽減制度
不動産登記法が適正運用されていない、空き家でも残していれば土地の固定資産税が安くなる税制
古い住宅の固定資産税は免税点制度により課税されないため、管理せず放置されている場合が多い
老朽空き家の固定資産税が安い
親の死後、子どもが相続で住宅を取得したが、子どもの住所地が遠方のため、普段より住宅の管理ができていない
核家族化及び高齢化の進展
核家族化が進んだこと、都市部への人口流動
核家族化、独居老人の増加
核家族化で高齢世帯が増え、相続後に住む家族がいないため
核家族化等に見られるように、社会形態の変化によるものが多く制度よりも企業の販促技術の向上によるものと考えられる
核家族化等による高齢単独世帯の増加
過疎化
過疎化、少子高齢化、地域の活力減退、市町村の財政の逼迫、地方経済の停滞
過疎化による人口減少
急速な少子高齢社会の到来

経済活動最優先で、核家族を中心としたライフサイクルを確立させてきた施策や制度
高齢化
高齢化、人口減少など
高齢化に伴う人口減少と、建築物のある土地への税制優遇
高齢者のみ世帯の増加
高齢者一人暮しの増加、若者の都市部への流出
子育て等の負担による少子化
子どもが町外に出ており、実家の管理を行わない。
雇用が都市部に集中しており、就職、結婚のタイミングで人口が流出してしまうため
少子化による人口減
少子高齢化、核家族化
少子高齢、核家族化
少子高齢化社会
少子高齢化に伴う、人口減少の傾向が強まると考えられるため
少子高齢化による相続問題
少子高齢化の加速に対応した法令整備の遅れ
少子高齢化や、相続税の問題等
所有・管理者の意識等
所有者が亡くなり、相続人が遠方に住んでいるケースが多い
人口が減れば空き家が増えるのは必然
人口減少
人口減少かつ、親子別世帯の増加により、高齢者等が住んでいた建物が空き家となりつつあるのでは
人口減少、高齢化、核家族化
人口減少社会への変化による、核家族化の進展により、建物が一代限りで使い捨てられるようになっているため
人口減少による空き家の増加。住宅の立地条件が良くないため
人口の減少
人口の減少、高齢化
人口流出、所有者の死亡等
住む場所と働く場所は近いほどよく、周辺を含め雇用の場も必要なため
制度上ではないが、核家族化の進行による、高齢者世代の増加、跡継ぎ問題
制度上の原因とは別に地域における雇用問題、核家族化
制度上の問題よりも個人的理由（子の移住等）によるものがほとんどではないか
制度の問題ではなく、日本における高齢化率の上昇や人間関係の希薄化だと考える
世帯数の減少（空家はあまり増えていない）
大都市への人口流出
地価下落による都心部への回帰
島外へ生活の拠点を移すこと

49

付録　「空家法」施行1年後の全国実態調査　集計結果

ライフスタイルの変化と核家族化で、住宅に対して跡取がいないこと	
所有者死亡時の相続が義務化されていないこと	
所有者等死亡に伴う相続の発生、遺産分割協議書等の取り交わしが行われていない等の理由	
所有者等の空き家に対する認識や不動産登記法や民法（相続関係）等の関係法令の不備	
制度上の原因より、相続関係の問題	
相続制度及び家屋の登記制度	
相続制度（周知不足）	
相続制度が煩雑	
相続制度による管理責任の迷走	
相続手続き・制度	
相続登記が義務とされていない登記制度	
相続登記がなされていない	
相続登記がなされないことによる所有者責任感の欠如	23
相続登記手続きが任意による所有権の問題	
相続人が適切な管理を行っていないため	
相続人が複数人になる場合の売買等の法手続きが煩雑であること	
相続の登記を義務化していないこと	
相続放棄	
相続放棄が容易に行えることと裏腹に財産管理人選任申立てに係る手続きが容易ではない	
相続放棄制度	
相続問題（2）	
登記が義務でないこと、所有権移転に経費がかかること、相続放棄後の空き家の管理が徹底されていないこと	
容易な相続放棄、国庫帰属の困難さ	
国の住宅施策や社会経済の動向が、新築を推奨し、中古住宅の流通や改築、解体などに対して積極的なものではなかったため	
国勢を顧みず、（国策として）計画性を欠いた新たな宅地の過剰供給、都市部では再開発をはじめとする建築物の高層化は、老朽化また未利用となった建築物の解体の必要性や機会を喪失させることにより、現在に至ったと判断します。いつかの時点で、新造成地の購入、建替えによらない建築行為には、解体費に見合う税額を課すなどの施策の実施があれば、既存宅地の利用を促し、少なからず建築物の新陳代謝が進捗していたものと考えます	
税制以前に、過剰な住宅の供給	10
住宅需要を超えた新築建物の建築を容易にするような住宅貸付金利政策	
住宅需要を超えた新築建物の建築を容易にするような都市計画法の措置	
宅地開発の促進	
中古住宅と新築住宅の性能の差が大きい（耐震や断熱など）	
中古住宅の流通が十分になされない不動産流通制度、習慣	
中古物件の流通市場の整備不足	

若者の新築志向	
建築基準法の再建築条件	
建築基準法の制度改正による再建築不可の建物の増加	3
建築許可に解体の義務付けがない。	
市街化調整区域における空き家活用の制限	
新築住宅購入に際しては自動車や家電リサイクルのような資源循環の制度がないこと	3
ストック空家利活用施策が充実していないこと	
空家を放置しても厳罰する制度がないこと	
新築時に予め解体費を徴収する税制度など所有者自らに必ず解体させる制度の欠如	3
制度政策の問題ではなく、自己財産を適正管理を放棄する個人モラルの問題	
新しいものを好む日本人の民族性	1
居住の実態がないにもかかわらず住宅用地特例が認められてきた固定資産税制。また、制度ではないが、人口減少による住宅・土地需要の低下など	1
建築基準法上再建築等が困難、固定資産税の住宅用地特例により除却が進まない、農地取得に制限あり	1
硬直的な私有財産制度	1
固定資産税の小規模住宅用地特例、建築上の接道要件	1
固定資産税の住宅用地軽減が空き家にも適用される・所有者に適切な登記をさせるような制度設計がなされていない（所有権移転登記を行わなくても罰則がない等）	1
固定資産税の住宅用地特例、相続登記が義務でないこと	1
固定資産税の住宅用地特例の空家への適用の現状、民法915条1項の実効性確保規定の欠如	1
住宅の品質（住環境、耐震）、住宅用地特例	1
所有者のモラルの低下、相続手続きの認識不足、所有者の財政困難など	1
新築が良い感。核家族化と親との同居減少。相続未完結及び同売却益課税に対する過大負担感。親の資産を失いたくない感	1
相続制度の理解不足、消耗品的な家屋の利用と家屋の構造	1
相続の手続きを行わず、放置することが可能な、税制や法定相続等の現行制度	1
宅地の住宅特例による解体後の固定資産税増、登記不備による罰則不足、死亡者等の登記になっている場合の手続きが複雑	1
同敷地で建替できない場合等に住宅用地の特例制度、所有者が故人のまま放置できる登記制度	1
不明	16
その他	2

3. 空き家対策の所管及び庁内連携状況等について

問10　貴自治体では、まちづくり・都市計画の視点をもって空き家対策を行っていますか。該当する番号1つに○を付けてください。

	回答数	割合
①はい	341	48.6%
②いいえ	357	50.9%
計	698	

（グラフは 56 頁参照）

問11　空き家対策のうち、老朽家屋の除却等に関する事務を所管している部署は、次のうちいずれですか。該当する番号1つを選択してください（複数の部署が所管している場合は、主たる所管部署をご回答ください）。また、その他を選択した場合は、当該部署の空き家対策以外の主たる所管業務も併せて記入してください。

		回答数	割合
①	建築基準法所管部署	163	23.2%
②	住宅部門所管部署	123	17.5%
③	生活環境対策所管部署	70	10.0%
④	総務所管部署	45	6.4%
⑤	まちづくり所管部署	74	10.5%
⑥	防災・危機管理部署	85	12.1%
⑦	空き家対策のために新設した部署	43	6.1%
⑧	その他	93	13.2%
	計	696	

（グラフは 57 頁参照）

⑧その他

安全安心街づくり、防犯対策	
環境事業部	
環境生活部生活安全課（交通安全、防犯、市民相談）	
市民安全対策部署	
住民所管	
地域の支援に関する部署	
地域の自治会を所管する部署	
地域防犯等所管部署	
町民運動及び住民自治活動	
町民生活対策所管部署	21
防犯・交通安全部署	
防犯、自治会	
防犯所管部署	
防犯対策業務	
防犯対策所管部署	
防犯対策部署（2）	

防犯担当部署	
防犯部署（2）	
防犯・防災・危機管理部署	
建設課	9
建設課（道路管理、市道認定等を担当する係）	
建設部門所管部署	
建築営繕部署	
建築・土木	
建築物営繕	
公営施設管理・営繕所管部門	
公共施設の管理担当が当該事務を担当している。	
市営住宅担当部署	
景観所管部署	9
都市計画所管部署（2）	
都市計画所管部門	
都市計画担当課	
都市計画担当部署（住宅、建築指導、公園、開発等）	
都市計画部署	
都市計画法所管部署	
都市整備部	
地域振興所管部署	3
地方創生（企業誘致・住宅団地整備）	
定住促進担当部署	
企画財政部署	1
企画政策部総合政策課（シティープロモーション、統計、総合計画　など）	1
区役所	1
総合政策所管部署	1
総務課	1
老朽家屋対策、建築物の耐震化、建築基準法に基づく違反建築物の是正指導等を行う部署	1
①②に加え、道路、河川、土木災、都市計画、公園等々	8
建築基準法所管部署と住宅部門所管部署の共管	
建築基準法所管部署、防犯	
住宅部門と生活環境部門	
総務課、町民課、建設課による空き家対策室	
②住宅部門所管部署及び⑦空き家対策のために新設した部署	
複数の課にまたがっている状況	
防犯所管部署が取りまとめ、区役所及び建築基準法所管部署が実務を行う。	
未定	36
その他	1

付録　「空家法」施行１年後の全国実態調査　集計結果　167

問 12　空き家対策のうち、空き家の利活用を担当している部署はどこです
　　　か。問 11 と同じ部署であれば①を、異なる場合は②以降の選択肢の
　　　中から該当する番号全てを選択してください。また、その他を選択し
　　　た場合は、当該部署の空き家対策以外の主たる所管業務も併せて記入
　　　してください。

		回答数
①	問 11 と同じ部署	227
②	建築基準法所管部署	10
③	住宅部門所管部署	72
④	生活環境対策所管部署	6
⑤	総務所管部署	35
⑥	まちづくり所管部署	203
⑦	空き家対策のために新設した部署	11
⑧	当該事務を担当する部署はない	66
⑨	その他	117
	計	747

（グラフは 59 頁参照）

⑧その他

移住交流	
移住交流担当部局	
移住交流担当部署	
移住支援・産業支援所管部署	
移住総合相談窓口	
移住促進担当部署	
移住促進を担当する部署	
移住担当部署	
移住・定住関連施策	
移住定住所管部署	
移住・定住所管部署	
移住定住推進所管部署	
移住・定住促進所管課	
移住、定住促進のために新設した部署	
移住定住促進部署	
移住・定住促進部門所管部署	
移住定住対策所管部門	35
移住・定住担当部署	
移住・定住を主にした部署	
移住定住を推進する部署	

移住を推進する部署	
過疎地域対策等を行う部署	
人口対策部署	
人口減少対策所管部署（政策部門）	
人口減少対策・地域創生担当部署	
定住化推進部署	
定住少子化対策担当部署	
定住推進部署（定住相談窓口、定住関連補助金、縁結び事業）	
定住促進センター	
定住促進対策所管部署	
定住促進対策部署	
定住促進担当部署（2）	
定住対策所管部局	
定住担当（定住施策業務）	
企画	
企画課（2）	
企画課、定住促進・企業誘致	
企画所管部署（2）	
企画所管部署（企画財政課：空き家バンク担当）	
企画所管部署（少子化・人口減少対策課）	
企画所管部署（総合企画、地方創生、観光、地域づくり等）	
企画政策課　定住対策室	
企画政策所管部署	
企画政策担当部署	
企画政策部署	31
企画政策部署（空き家バンク等）	
企画政策部署（人口減少対策）	
企画担当課	
企画・PR	
企画部署（6）	
企画部門（3）	
市政の政策・企画所管課	
政策企画課コミュニティ再生担当係	
政策企画課（市の総合計画や広域行政、ふるさと納税に関することなど）	
政策企画を担当する部署	
政策立案所管部署	
産業振興所管部署	
商工観光課	
商工観光課（移住促進を担当する係）	
商工・交流関係部署（移住対策：空き家バンクのみ）	

商工所管部署（2）	
商工振興・移住促進所管部署	
商工振興課	
商工担当部署（企業誘致、移住定住）	
商工労政部署	17
振興課　商工観光係	
観光所管部署：今年度観光施設（休眠店舗や空き保養所など）の実態調査業務を実施	
観光の企画及び立案に関する部署	
経済振興部署　商工・観光・工業労政業務	
地域振興	
地域振興部局及び商工部局	
地域づくり企画振興部門	
福祉部局	2
福祉部門所管部署	
教育委員会所属の部署、伝統的建造物群保存地区	1
建築関連の施策全般の所管部署	1
次世代支援部地域活力創造課（移住・定住に関すること、ふるさと納税、総合戦略に関すること）	1
市民部門　移住・定住、地域・離島振興、交通防犯等	1
地方創生推進部署	1
長期計画所管部署	1
特命的な事務を執行するための部署で空き家対策を検討	1
防犯所管部署	1
同じ部署だが、担当係が異なる。（除去→行革推進係、利活用→復興推進係）	5
現在、上記②、③、④、⑥をはじめ福祉、産業部門の部署による庁内プロジェクトチーム（委員会）により利活用を担当しています。	
庁内各課	
複数の部署で対応予定	
窓口としては問 11 と同じであるが、関係課と協働で担当。	
検討中・未定	19

問13　空き家対策のうち、老朽家屋の除却等に関する事務を所管している
　　　部署において、当該事務を所掌する職員の数は、専任・兼任それぞれ
　　　何人ずつですか。専任又は兼任の職員がいない場合は、各欄に「0人」
　　　とご回答ください。

【専任】	回答数	割合
0 人	413	58.8%
1 〜 1.5 人	70	10.0%
2 人	31	4.4%
3 人	12	1.7%
4 人	10	1.4%
5 〜 8 人	5	0.7%
計	541	

【兼任】	回答数	割合
0 〜 0.5 人	86	12.3%
1 〜 1.27 人	206	29.3%
2 人	166	23.6%
3 人	103	14.7%
4 人	58	8.3%
5 人	25	3.6%
6 人	14	2.0%
7 人	4	0.6%
8 人	6	0.9%
9 人	2	0.3%
10 〜 48 人	7	1.0%
計	677	

（グラフは 60 頁参照）

問14　空き家対策のうち、空き家の利活用に関する事務を所管する部署において、当該事務を所掌する職員の数は、専任・兼任それぞれ何人ずつですか。

【専任】	回答数	割合
0 人	375	53.4%
1 〜 1.5 人	64	9.1%
2 人	29	4.1%
3 人	7	1.0%
4 人	6	0.9%
5 〜 7 人	4	0.6%
計	485	

【兼任】	回答数	割合
0 〜 0.6 人	57	8.1%
1 人	202	28.8%
2 人	161	22.9%
3 人	94	13.4%
4 人	45	6.4%
5 人	21	3.0%
6 人	9	1.3%
7 人	6	0.9%
8 人	4	0.6%
10 〜 48 人	3	0.4%
計	602	

（グラフは 62 頁参照）

所管部署はない	91	13.0%

問15　貴自治体において、空家法を主に所管する部署と、まちづくり施策を担当する部署との現在の連携状況について、該当する番号1つを選択してください。両方の事務が同一部署にある場合には①を、異なる部署にある場合には②以降の選択肢からお選びください。

付録　「空家法」施行1年後の全国実態調査　集計結果　171

		回答数	割合
①	空き家対策事務の所管部署がまちづくり施策担当部署になっている	176	25.1%
②	既に連携し体制ができている	144	20.5%
③	今後必要と考えており，連携方法について検討している	183	26.1%
④	今後必要と考えているが，連携方法についての検討はしていない	136	19.4%
⑤	そのような連携は不要と判断されている	2	0.3%
⑥	連携の必要性そのものを検討中	51	7.3%
	計	692	

（グラフは 63 頁参照）

4. 自治体独自のガイドラインの策定状況

問16　空家法 14 条（特定空家等に対する措置）の適用については、「『特定空家等に対する措置』に関する適切な実施を図るために必要な指針（ガイドライン）」（平成 27 年 5 月 26 日国土交通省・総務省。以下「ガイドライン」といいます。）がありますが、このほかに貴自治体が独自に策定したガイドラインはありますか。また、策定をする予定はありますか。該当する番号１つを選択してください。

		回答数	割合
①	独自のガイドラインがある	48	6.8%
②	現在はないが，策定を予定している	184	26.2%
③	独自のガイドラインを策定する予定はない	465	66.2%
	計	697	

（グラフは 64 頁参照）

問17　問 16 において①又は②と回答された自治体にお尋ねします。策定したあるいは策定を予定しているガイドラインに含まれている内容について、該当する番号全てを選択してください。また、その他を選択した場合は、具体的内容も併せて記入してください。

		回答数
①	特定空家等の認定に関する具体的な基準	192
②	特定空家等に対する各種の措置をとる際の基準	116
③	その他	22
	計	330

（グラフは 65 頁参照）

③その他

空家等対策計画	1
空家等における管理不全な状態の判定に係るガイドライン	1
Q & A 集の策定	1
認定・各種の措置が本市の各所管でも行えるよう要綱として策定を予定	1
審議会への諮問フローなど	1
特定空家等に対する措置に関する体制や手続きなど	1
都道府県が策定したガイドラインをもとに措置を実施中であるが，状況に応じ改良していく予定	1
内容は国のガイドラインに準じたものである	1
歴史的，文化的財産価値を保護する	1
検討中・未定	12
その他	1

5. 空家等の認定について

問18　貴自治体において、空家法施行後、同法2条1項にいう「空家等」（以下「空家等」といいます。）として認定した件数を全件ご回答ください。

	回答数	割合
0 件	298	42.5%
1 ～ 10 件	22	3.1%
11 ～ 100 件	75	10.7%
101 ～ 200 件	55	7.8%
201 ～ 300 件	37	5.3%
301 ～ 400 件	29	4.1%
401 ～ 500 件	17	2.4%
501 ～ 600 件	20	2.8%
601 ～ 700 件	9	1.3%
701 ～ 800 件	15	2.1%
801 ～ 900 件	6	0.9%
901 ～ 1000 件	4	0.6%
1001 ～ 7296 件	40	5.7%
未判定	1	0.1%
計	628	

（グラフは 68・69 頁参照）

問19 「空家等」の認定に当たっては、「空家等に関する施策を総合的かつ計画的に実施するための基本的な指針」（平成27年総務省・国土交通省告示第1号。以下「基本指針」といいます。）が策定されています。貴自治体において、基本指針を適用して「空家等」を認定する場合に問題となる点があれば、該当する番号全てを選択してください。また、その他を選択した場合は、具体的内容も併せて記入してください。

		回答数
①	常態的未使用の認定に当たり、「年間を通して建築物等の使用実績がないこと」を一つの基準としていること	245
②	「居住その他の使用がなされていないこと」の認定に当たって、「建築物等への出入りの有無」を確認するものとされていること	211
③	「居住〜」の認定に当たって、「建築物等の所有者等によるその利用実績についての主張等」から判断するものとされていること	185
④	「居住〜」の認定に当たって、「建物の適切な管理が行われているか否か」の認定が困難であること	241
⑤	その他	62
	計	944

（グラフは70・71頁参照）

⑤その他

①から④をどこまで調査すれば空家等となるのか問題がある	1
外見判断（目視による）	1
近隣住民からの市民相談に基づく調査結果から（市民相談）	1
様々な状況を踏まえ総合的に判断	1
上記のことへの確認作業は、所有者を特定する作業に時間を要するなど、基準時を見極めることが困難	1
使用実績がないこと等の判断は本市では困難であるため、空き家と思われるものについては、すべてに対して、空家等と考えられるものを対象に送付している旨を記載した通知書を送付している。所有者等から「空き家ではない」等の反論があった場合は、所有者等へのヒアリング等を踏まえて、空家等であるかを判断している	1
所有者が特定できない場合の上記の項目すべて	1
データベースの整備・更新に大変な労力が必要	1
特定空家等に認定した空家の指導・勧告等が必ずしも全部の解体を要しない場合の判断	1
認定以前に相続人追跡調査に膨大な時間を費やす	1
判断や認定するにあたり、具体的な基準がないところ	1
問題なし	18
「空家等」の「認定」という作業を行っていない	
相談を受けた「荒廃した空き家」をリスト化することとしているため、法及び基本指針上の「空家等」とは異なると認識している	

建物の使用状況は、外観からでは一概に判断できないこと。「空家等」について、「認定」という考え方をしていないこと	
問18の件数については、認定ではなく、苦情相談件数です	7
問18も厳密に空家法に照らし合わせていないので、認定とは言いがたい	
当市では「空家等」について特に「認定」は行っておりません。「空家等」の定義として基本指針が示されているものと理解しています	
特定空家等としての認定は必要と考えるが、あえて空家等として認定する必要性は感じていない	
実績なし・不明	25
その他	1

問20　空家等の所有者の特定に当たって貴自治体が利用した登記簿情報以外の情報を、該当する番号の中から多い順に2つ、選択してください。なお、貴自治体において空家等の認定実績がない場合には、⑩を選択してください。

【第1順位】

		回答数	割合
①	固定資産税に関する情報	410	58.4%
②	住民票	71	10.1%
③	親族等からの情報	9	1.3%
④	近隣住民からの情報	52	7.4%
⑤	水道事業者からの情報	23	3.3%
⑥	電力会社からの情報	0	0.0%
⑦	ガス会社からの情報	0	0.0%
⑧	電話会社からの情報	0	0.0%
	計	565	

（グラフは71頁参照）

【第2順位】

		回答数	割合
①	固定資産税に関する情報	93	13.2%
②	住民票	235	33.5%
③	親族等からの情報	21	3.0%
④	近隣住民からの情報	107	15.2%
⑤	水道事業者からの情報	56	8.0%
⑥	電力会社からの情報	1	0.1%
⑦	ガス会社からの情報	0	0.0%
⑧	電話会社からの情報	0	0.0%
	計	513	

（グラフは72頁参照）

⑨	①から⑧の中から情報を取得したことはない	4	0.6%
⑩	空家等の認定実績がないので，情報収集をしていない	143	20.4%

付録　「空家法」施行1年後の全国実態調査　集計結果　175

問21　次の番号に掲げる団体のうち、（ア）空家等の所有者等を認定するために貴自治体から照会をしたことがあるかどうか、及び照会をしたことがある場合には、（イ）それらの団体から回答を拒否された事例があるかどうかについて、次の項目の有無を選択してください。なお、貴自治体において照会実績のない選択肢記載の団体については、（イ）の回答拒否事例の有無についてご回答いただく必要はありません。

【（ア）照会実績の有無】	「有」回答数	割合
① 水道事業者	206	29.3%
② 電力会社	23	3.3%
③ ガス会社	12	1.7%
④ 電話会社	7	1.0%
計	248	

【（イ）回答拒否事例の有無】	「有」回答数	割合
① 水道事業者	7	1.0%
② 電力会社	9	1.3%
③ ガス会社	4	0.6%
④ 電話会社	1	0.1%
計	21	

（グラフは 73 頁参照）

6.特定空家等の認定について

問22　空家法施行後、貴自治体において、同法2条2項にいう「特定空家等」（以下「特定空家等」といいます。）として認定した空家等は何件ありますか。

	回答数	割合
0 件	555	79.1%
1 ～ 10 件	58	8.3%
11 ～ 20 件	15	2.1%
21 ～ 30 件	7	1.0%
31 ～ 40 件	6	0.9%
41 ～ 50 件	9	1.3%
51 ～ 60 件	3	0.4%
61 ～ 70 件	2	0.3%
71 ～ 80 件	1	0.1%
81 ～ 90 件	2	0.3%
91 ～ 100 件	2	0.3%
101 ～ 604 件	10	1.4%
計	670	

（グラフは 73・74 頁参照）

問23　特定空家等として認定するに当たってガイドラインを用いる場合に、適用が難しいと考えられる項目について、該当する番号全てを選択してください。また、⑧を選択した場合は、具体的内容も併せて記入してください。

		回答数
①	「建物が倒壊するおそれがある」との基準に関する項目	181
②	「擁壁が老朽化し危険となる恐れがある」との基準に関する項目	163
③	「建築物又は設備等の破損が原因で、以下の状態にある」との基準に関する項目	172
④	「ごみ等の放置、不法投棄が原因で、以下の状態にある」との基準に関する項目	230
⑤	「立木が原因で、以下の状態にある」との基準に関する項目	234
⑥	「空家等に住み着いた動物等が原因で、以下の状態にある」との基準に関する項目	290
⑦	「建築物等の不適切な管理等が原因で、以下の状態にある」との基準に関する項目	223
⑧	ガイドライン中にない事情に基づき特定空家等として認定する必要がある	20
	計	1513

（グラフは 67 頁参照）

⑧具体的に

ガイドライン別紙3（1）（2）の基準に関する項目（個別の項目を含む）	2
ガイドライン〔別紙3〕（1）及び（2）の適用が難しいと考えます	
周辺に影響があるとして行政が対応するのか、民と民の問題として行政が介入しないかの判断基準	2
「周辺の生活環境への影響」の判断基準	
ガイドラインに基づき作成した独自の基準を用いて判定している	2
ガイドラインを参考に独自の基準や手続を策定予定のため	
冬期間の雪に関する事項	1
防犯に関すること	1
不明・未定	11
その他	1

問24　貴自治体における特定空家等の認定に当たって関与する関係者は、次のうち誰になりますか。該当する番号全てを選択してください。また、その他を選択した場合は、当該関係者の属性も併せて記入してください。

付録　「空家法」施行1年後の全国実態調査　集計結果　177

		回答数
①	担当職員のみで認定をしている	186
②	委員会等の合議体	229
③	土地家屋調査士	47
④	建築士	97
⑤	大学関係者	31
⑥	弁護士	50
⑦	司法書士	43
⑧	行政書士	9
⑨	その他	221
	計	913

（グラフは74頁参照）

⑨その他

市関係課職員	
市長	
市役所内での決裁	
村長	
村長及び関係課長で構成する課長会で認定	
関係部署の職員	
担当課職員、首長	
担当職員及び建築技術職の技師	16
担当職員及び所属長	
担当職員と関係課職員で調査し、関係課長で構成する組織で判定する	
担当職員に建築士等の有資格者を含んでいる	
庁内関係各課からなる検討会にて判断	
庁内関係部署の職員による合議体	
庁内職員で構成する会議	
庁内の空家等に関係する部署による合議体	
役場内部組織	
空家等対策協議会で特定空家等判断基準を定め、判断基準により担当職員が判断し、市長決裁により認定をしている	
基本的には担当課の職員で認定を行うが、難しい場合は協議会に諮ることとしている	
協議会で議論を行い、市で認定する	
国のガイドラインを参考に空家等対策協議会の意見を踏まえ市が判断する	
建築指導課、生活環境課、都市計画課及び総務課の職員。空家等対策推進協議会	10
市及び空家等対策協議会	
市と協議会	
庁内の関係部署及び法定協議会	
認定にあたり、特措法に基づく協議会において意見を伺うこととしているが、認定は市の判断で行う	

認定は自治体により行うが、審議会の意見を参考にした上で決定する	
空家等対策協議会での意見聴取	
①～⑧等の者で構成する法定協議会	
衛生、景観、生活環境に関することで判断に悩む場合のみ、協議会の中の部会で協議を行う	
諮問機関（区長、建設業協会、宅建協会、司法書士、土地家屋調査士、建築士、社会福祉協議会、商工会議所、衛生班連合会）	7
庁内特定空き家検討会議	
特定空家等・特定居住物件等調査審議会	
必要に応じて③～⑧等の有識者から、意見を徴取する	
応急危険度判定士	1
警察関係者	1
建築技師	1
古民家鑑定士	1
コンサル	1
市会議員	1
自治会長	1
消防職員	1
NPO法人、古民家鑑定士、自治会の代表	
警察、消防署、住民の代表者、消防団	
警察職員、県職員	
県職員、法務局職員、他	
自治会、市議会議員、宅地建物取引業者、社会福祉士、民生委員、警察、消防、道路管理者	
市長、警察職員、消防職員、法務局職員、宅地建物取引士、社会福祉士、民生委員、自治会役員、商工会員	
市長、市議会議員、行政区長、警察職員、市職員	
市長・民生委員・市民	
住民代表、宅地建物取引業者、社会福祉協議会、都道府県	
消防署、警察署	
宅地建物取引士、区議会議員	
宅地建物取引士、商工会、区・自治会代表	25
宅地建物取引士と町会自治会連合会	
地域住民、市議会議員、不動産鑑定士協会、民生委員・児童委員協議会	
地域住民代表、宅地建物取引業関係者、府職員	
地域住民代表、不動産鑑定士、議員	
地域住民、民生委員、消防士	
自治会連合会及び民生委員児童委員協議会の代表者	
町内会　不動産事業者	
庁内関係部署、市長、議員、不動産鑑定士、宅建、警察、消防、住民自治組織等	

不動産関係者、地域の代表者	
不動産関係者、福祉関係者、税理士、法務局、消防署	
不動産鑑定士、空家等対策に関する知識経験を有する者	
防災士、消防士、市環境対策協議会会長	
民生委員、社会福祉協議会、自治会、市民、宅地建物取引士	
検討中・未定	154
その他	1

問25 貴自治体において特定空家等と認定をするに当たって、認定前に空家法上の措置とは別に、何らかの行政上の措置をとることは予定されていますか。該当する番号1つを選択してください。

		回答数	割合
①	条例・規則で認定手続を定めている	53	7.5%
②	要綱等で認定手続を定めている	16	2.3%
③	条例・規則・要綱等はないが，個別に行政指導等を行うこととしている	125	17.8%
④	現時点では，条例・規則・要綱等は存在しないが，今後これらにより認定手続を定めることを予定している	125	17.8%
⑤	認定に当たり，空家法所定の手続以外に特段の措置をとることを予定していない	334	47.6%
	計	653	

（グラフは 75 頁参照）

7.特定空家等に対する助言・指導について

問26 特定空家等と認定された空家等について、回答日現在までに空家法14条1項に基づく助言・指導を実施した件数は何件ありますか。

	回答数	割合
0 件	553	78.8%
1 ～ 10 件	67	9.5%
11 ～ 20 件	15	2.1%
21 ～ 30 件	3	0.4%
31 ～ 40 件	5	0.7%
41 ～ 50 件	4	0.6%
51 ～ 60 件	2	0.3%
81 ～ 90 件	1	0.1%
101 ～ 349 件	7	1.0%
計	657	

（グラフは 75・76 頁参照）

問27 特定空家等と認定された後、空家法14条1項に基づく助言・指導を行う前に、貴自治体において、何らかの行政上の措置を予定していますか。該当する番号1つを選択してください。

		回答数	割合
①	条例・規則により手続を定めている	42	6.0%
②	要綱等により手続を定めている	6	0.9%
③	条例・規則・要綱等はないが、個別に行政指導等を行うこととされている	70	10.0%
④	現時点では、条例・規則・要綱等は存在しないが、今後これらにより手続を定めることを予定している	117	16.7%
⑤	空家法所定の手続以外に特段の措置を予定していない	407	58.0%
	計	642	

（グラフは76頁参照）

8. 特定空家等に対する勧告について

問28 空家法14条2項は、「なお当該特定空家等の状態が改善されないと認めるとき」を勧告の要件としています。この要件の適用に当たり、貴自治体において具体的な基準は定められていますか。該当する番号1つを選択してください。また、定めがある場合は、その内容も併せて記入してください。

		回答数	割合
①	条例・規則で認定手続を定めている	33	4.7%
②	要綱等で認定手続を定めている	14	2.0%
③	条例・規則・要綱等はないが、個別に行政指導等を行うこととされている	59	8.4%
④	現時点では、条例・規則・要綱等は存在しないが、今後これらにより勧告手続を定めることを予定している	162	23.1%
⑤	勧告に当たって、特段の措置は予定していない	386	55.0%
	計	654	

（グラフは77頁参照）

①内容

空家等審査会において勧告対象とするか否か諮問している（審査会設置条例を施行）
空家等審議会に諮問する
空家等対策協議会の意見を聴くこととしている

付録 「空家法」施行1年後の全国実態調査 集計結果 181

外部委員で組織される空家等対策審議会に諮問する	9
条例で勧告することについて、専門家で組織する審査会に意見を聞くこととしている	
審議会に諮り決定する	
審査会の審議を経て行うこととしている	
特定空家等対策審査会に諮問	
特定空家等認定審査会により勧告の是非を検討する	
勧告	8
指導後一定の期間が経過するも改善が認められない場合	
相当の猶予期限を付して必要な措置をとることを勧告する	
指導・助言に基づいた処置がなされないとき勧告を行う	
助言又は指導を受けた者に対し、相当の猶予期限を付けて、除却、修繕、立木竹の伐採その他周辺の生活環境の保全を図るために必要な措置をとることを勧告	
助言又は指導を行ったにもかかわらず、当該空家等が管理不全な状態にあるとき	
助言又は指導を行ったにもかかわらず、なお、当該空家等が管理不全な状態にあるとき	
助言又は指導をした場合において、なお当該特定空家の状態が改善されないと認めるときは、当該助言又は指導を受けた者に対し、相当の猶予期限を付けて、除却、修繕、立木竹の伐採、その他周辺の生活環境の保全を図るために必要な措置をとることを勧告することができる	
勧告の要件は法に準じています	3
特措法と同じ	
法と同様	
空き家等対策の推進に関する規則による	2
規則により勧告書様式を定めている	
公表	1
所有者等への意見聴取と審議会への付議を勧告前に実施することとしている	1
保安上危険・衛生上有害・著しい景観の悪化・生活環境の保全が図れない場合	1
未定	2

②内容

勧告書に指定した措置の期限が過ぎても、正当な理由なく措置履行しない場合は、特定家屋等の所有者に対し、法第14条第3項に基づく命令を命令書により行うものとする	5
原則として空家法14条1項により指導を受けた特定空家等が3回目の指導の通知を行った後も引き続き管理不全な状態	
指導した日から起算して1年経過しても改善されないとき	
14条助言、指導から勧告実施までの期日等	
複数回の助言・指導を行ってもなお改善が見られない場合、空家等審議会からの意見を踏まえ、勧告を実施する	
空家等の物的状態、周辺への悪影響の程度と危険等の切迫性を勘案し、指導勧告等を行うかを判断	3
市で定めた評点で100点以上でかつ「空き家等対策連絡調整会議」で協議し、決定	
保安上危険については、危険度が高く14条1項の助言・指導を繰り返し行っても改善されない場合	

合議体による個別判断		2
特定空家等判定委員会を組織し、合議により勧告を行うか否かを判断する		
空き家等対策委員会設置要綱		1
空家等対策の推進に関する特別措置法施行細則		1
計画で措置の手続きを定めている		1
不良度判定で評点100以上、近隣住居等との近接状況、助言・指導書送付後3か月以上意思表示なし		1

問29　空家法14条2項の勧告を発するに当たって、「相当の猶予」をどの程度の期間としていますか。短期・長期の両方をお答えください。

【短期】	回答数	割合
0か月	1	0.1%
1か月	12	1.7%
2か月	5	0.7%
3か月	11	1.6%
6か月	6	0.9%
12か月	1	0.1%
計	36	

（グラフは77頁参照）

【長期】	回答数	割合
0か月	1	0.1%
1か月	1	0.1%
2か月	1	0.1%
3か月	12	1.7%
6か月	9	1.3%
12か月	7	1.0%
計	31	
勧告までの猶予期間については、特に基準を設けていない	570	81.2%

問30　空家法14条2項の勧告を発する場合に設ける猶予期間内に、当該特定空家等に課税される固定資産税の賦課期日（毎年1月1日）が含まれることになってしまう場合、貴自治体は何らかの措置をとることを予定していますか。該当する番号1つを選択してください。

		回答数	割合
①	特段の措置は予定していない	510	72.6%
②	猶予期間内に賦課期日が含まれないよう、勧告の時期を調整することがある、又はそのような時期での勧告を予定している	124	17.7%
	計	634	

（グラフは78頁参照）

付録　「空家法」施行1年後の全国実態調査　集計結果　183

問31　空家法 14 条 2 項に規定する勧告をした場合、固定資産税の住宅用地特例の適用が除外されることになります。この事情を考慮して同項所定の勧告を控えることがありますか。該当する番号 1 つを選択してください。

		回答数	割合
①	ある	78	11.1%
②	特に考慮することはない、あるいは考慮することを予定していない	557	79.3%
	計	635	

（グラフは 79 頁参照）

問32　空家法 14 条 2 項に定める勧告に当たって、指導・助言の不遵守、及び問 31 の事情のほかに、考慮する要件はありますか。該当する番号 1 つを選択してください。また、②を選択した場合は、具体的内容も併せて記入してください。

		回答数	割合
①	ない	589	83.9%
②	ある	43	6.1%
	計	632	

（グラフは 79 頁参照）

②具体的に

空き家の状態	
空き家を放置することで周辺に著しい悪影響を及ぼすかどうか	
悪影響の程度、周辺へ与える影響の度合い、危険等の切迫性	
危険等の切迫性の程度	
危険度や緊急性	
緊急事案の場合	
周辺の建築物や通行人等に対する悪影響の程度や危険等の切迫性	
周辺への影響度	
周辺への影響度合い	15
周辺への影響の有無	
周囲への危険性・切迫性	
当該特定空家等がもたらしている悪影響の程度や危険等の切迫性	
特定空家等に認定した空家等のうち、周辺への影響、危険の切迫性に該当しているもの	
不良度判定で評点 100 以上、近隣住居等との近接状況	
老朽危険化の進行程度	
改善に向けた所有者の動向。例えば、今は着手できていないが、間もなく解体業者と契約をする、という場合は様子を見ることがあり得る	

各所有者等の意見や個別事情等を考慮する	
所有者、及び相続人の資金面、家庭状況等	
所有者の意向	8
所有者の都合	
所有者等が長期入院等で実質的に適正な管理を行うことができない場合等	
所有者等の経済的理由及び健康的理由	
所有者等の資力の事情等	
勧告後に所有者が変わってしまった場合	
建物と土地の所有者が異なる場合	4
土地と建物所有者が異なる場合	
土地所有者と建物所有者が異なる場合	
勧告により、住宅用地特例の適用外となるため、不利益処分と考えられる。当該処分を行う前に所有者等に意見を述べる機会を与える	2
勧告を行おうとする者に対して、意見聴取の機会を設けます	
相手の出方、その他さまざまの条件を総合的に判断する	1
空き家等対策審議会の意見（条例に基づく任意協議会）	1
ガイドラインに示されている特定空家等の措置を講ずるに際して参考となる事項	1
課税上、既に家屋としては滅失処理されている場合、住宅用地の特例についての記載をどうするか	1
行政処分にあたるか検討する必要があること、店舗や倉庫など住宅用地特例の適用がない特定空家等との公平さ	1
今後の措置の予定（スケジュール）など、個々の事情を考慮することもあるのではないか	1
地元自治会からの要望の状況、道路管理者による安全対策の効果	1
助言又は指導の際に、意見書の提出を求めるため、意見書の内容によっては考慮する可能性がある	1
検討中・不明	5
その他	1

問33　空家法施行後、回答日現在までに空家法14条2項勧告を発した特定空家等は何棟ありますか。

	回答数	割合
0棟	623	88.7%
1棟	12	1.7%
2棟	6	0.9%
3棟	1	0.1%
7棟	1	0.1%
8棟	2	0.3%
9棟	1	0.1%
10棟	1	0.1%
計	647	

（グラフは80頁参照）

問34　問33でお答えいただいた空家法14条2項に定める勧告を発した特定空家等について、重ねて勧告（再勧告）をした特定空家等は、何棟ありますか。

	回答数	割合
0棟	508	72.4%
1棟	3	0.4%
計	511	

（グラフは80頁参照）

問35　問34でお答えいただいた再勧告をした特定空家等のうち、最も再勧告の回数が多い特定空家等は、当初勧告を含めて合計何回ですか。

	回答数	割合
0回	454	64.7%
2回	2	0.3%
5回	1	0.1%
計	457	

（グラフは81頁参照）

9.特定空家等に対する命令について

問36　回答日現在までに、空家法14条2項に定める勧告を発した後、同条3項に定める命令を発した特定空家等は合計で何棟ですか。ご回答が「0」棟の場合は、問38にお進みください。

	回答数	割合
0棟	605	86.2%
1棟	3	0.4%
2棟	1	0.1%
計	609	

（グラフは81頁参照）

問37　空家法14条2項に基づく勧告の後、同条3項に基づく命令を発していない特定空家等がある場合、法14条2項に基づく勧告を発令した後の経過期間として最も長いもの（勧告後、既に命令を発した事案についての期間の方が、命令を発していない事案の期間よりも長ければ、勧告後に命令を発するまでにかかった期間）をご回答ください。

	回答数	割合
0 か月	68	9.7%
0.3 か月	1	0.1%
1 か月	2	0.3%
3 か月	1	0.1%
10 か月	1	0.1%
12 か月	1	0.1%
計	74	

（グラフは 82 頁参照）

問38　特定空家等に該当する建築物や工作物について倒壊や建材崩落などの危険が切迫しているような場合について、空家法には特段の措置が規定されていません。このような場合に備えて、貴自治体としては、どのような対応をとることを予定していますか。該当する番号全てを選択してください。また、その他を選択した場合は、具体的内容も併せて記入してください。

		回答数
①	建築基準法に基づく除却命令	117
②	現時点で条例上即時執行に関する規定をおいている	78
③	将来条例上即時執行に関する規定をおく予定がある	69
④	予定している措置はない	331
⑤	その他	98
	計	693

（グラフは 82 頁参照）

⑤その他

「空き家等対策計画」にて「緊急安全措置」として規定している。措置は必要最小限の範囲とし、原則として所有者等の意見を得るものとする	
「空き家等の適正管理に関する条例」で緊急安全代行措置について定めている	
緊急安全措置による対応として、所有者等の同意または市の告示により措置ができることとしている	
緊急安全措置の要綱を策定している	
緊急安全代行措置の規定を要綱で設置	
緊急時安全代行措置	
緊急措置をとる	
周囲に被害が及ばない程度の緊急安全措置	16
条例に基づく緊急安全措置	
条例上、危険な状態を回避するため必要な最小限度の措置を講ずることができる「応急措置」の項目を設けている	

付録　「空家法」施行１年後の全国実態調査　集計結果　187

条例　緊急安全措置	
条例に、緊急安全代行措置として最低限度の措置を講じることができる旨を規定している	
条例による緊急安全措置（2）	
条例に基づく緊急的な危険回避に必要な最小限度の措置	
条例上緊急安全措置に関する規定をおいている	
条例により所有者同意による緊急安全措置を実施する。同意がとれない場合は緊急事務管理で対応せざるを得ない	2
所有者等の同意の上で、緊急安全措置を講ずることとしている	
空家等対策計画に基づき、所有者等の同意なく区が対応できる範囲で通行時等に注意を促す表示や立入禁止テープの設置等を行う	
応急処置	
災害対策基本法に基づく応急措置を実施	
条例上必要最小限の措置を規定している	
条例で安全代行措置の実施を定めている	
条例で所有者不明の場合の応急危険回避措置を規定している	11
条例に応急措置の条項がある	
条例に基づく応急的危険回避措置を講じる（所有者が確知できないものに限る）	
条例により必要最小限の応急措置ができることを規定している	
町として危険防止のための応急対策	
飛散等により人や財産に危害を与えないような措置を実施することができる	
警察その他の関係機関に必要な措置を要請	
消防との連携による応急措置	3
消防にて、人的危害の排除の観点から、今にも道路上に落ちそうな瓦の撤去などの緊急措置を行っている事例はあります	
①については特定行政庁に依頼、⑤については「お願い」というかたちで対応	
現状では、空家法に基づく所有者への措置となる	
近隣からの苦情、要望がある場合、その旨を所有者に伝え解体、撤去を促す	
所有者に対しての指導	7
所有者に文書を送付している。連絡が取れない場合は、バリケードや立入禁止等を設置している	
所有者への即時対応について	
できる限り所有者と連絡を取り、所有者の責任において対処してもらう	
空家等対策計画に基づき実施	
建築基準法、道路法、消防法など、状況に応じた法の活用を検討選択し、適切な措置を実施する	
災害対策基本法など①以外の関係法令も活用する	6
災害対策基本法又は道路法	
消防法による対応　災害対策基本法による対応　災害救助法による対応	
道路法	
建築基準法を所管する府に対応を協議する	

県に建築基準法に基づく対応を要請	3
当市は特定行政庁でないため、県へ情報提供し、建築基準法に基づき指導してもらう	
危険な空き家については解体費用を助成する補助金制度を創設した	2
補助金制度を設け、除去が進むよう配慮している	
各所管課での対応を依頼している	1
危険の種類により連携機関が変動する臨機が求められるものであり、都度の市長命令により対応する	1
事務管理で対応	1
条例による緊急安全措置、民法による事務管理	1
道路管理者等による安全対策要請	1
民法第720条に規定する緊急避難、若しくは同法第697条に規定する事務管理による対応	1
検討中、未定	41
その他	1

問39　貴自治体において、特定空家等に対し空家法14条9項に基づいて行政代執行を実施したことがありますか。あるとすれば、当該行政代執行の内容は、以下のどの項目に当てはまりますか。項目ごとに件数をご回答ください。なお、各項目について実施事例がない場合、その項目には「0」と記入してください。

【除却】

	回答数	割合
0棟	634	90.3%
1棟	3	0.4%
計	637	

【立木竹の伐採】

	回答数	割合
0棟	632	90.0%
計	632	

【その他の措置】

	回答数	割合
0棟	632	90.0%
1棟	1	0.1%
計	633	

【修繕】

	回答数	割合
0棟	634	90.3%
計	634	

（グラフは83頁参照）

問40　貴自治体において、特定空家等に対し、いわゆる略式代執行を実施したことがありますか。あるとすれば、当該略式代執行の内容は、以下のどの項目に当てはまりますか。項目ごとに件数をご回答ください。なお、各項目について実施事例がない場合、その項目には「0」と記入してください。

【除却】	回答数	割合
0棟	629	89.6%
1棟	8	1.1%
2棟	1	0.1%
4棟	1	0.1%
計	639	

【立木竹の伐採】	回答数	割合
0棟	631	89.9%
1棟	1	0.1%
2棟	1	0.1%
計	633	

【修繕】	回答数	割合
0棟	633	90.2%
1棟	2	0.3%
計	635	

【その他の措置】	回答数	割合
0棟	628	89.5%
1棟	3	0.4%
計	631	

（グラフは83・84頁参照）

問41　貴自治体において、特定空家等に対する行政代執行（略式代執行を含みます）の実施を躊躇させる要素として、どのようなものをあげることができますか。該当する番号全てを選択してください。また、その他を選択した場合は、具体的内容も併せて記入してください。

		回答数
①	空き家所有者とのトラブルが生じるおそれ	334
②	代執行費用が高額となること	373
③	代執行費用回収の見込みが低いこと	574
④	担当者の人手不足	320
⑤	手続規定の整備がなされていないこと	274
⑥	手続に関する知識が不十分であること	359
⑦	行政代執行の経験がないこと	403
⑧	その他	43
⑨	行政代執行の実施に特に躊躇を生じる要素はない	11
	計	2691

（グラフは84・85頁参照）

⑧その他

空き家の放置を助長させる	
空き家を放置するおそれ	
悪影響、危険性の排除の重要性は理解しつつも、所有者等の適正管理の意識が薄れ、行政任せになってしまうおそれ	
1件目が実績となり安易に代執行ができると勘違いされることが懸念される	
自治体が行う行政代執行を利用する所有者が現れる懸念がある	
市民のモラル低下を誘発するおそれがある	11
他の空き家所有者が管理を行わない方が得と考え、適切な管理を行わなくなる可能性があること	

どのような場合行政代執行すれば良いのか。1度実施すると住民の要求がエスカレートする恐れがある	
放置すれば自治体がいつか片付けるといった考え方が普及してしまうこと	
モラルハザードが起きること	
モラルハザードの懸念	
空家等以外の問題案件（ごみ屋敷や空き地など）との公平性	
公益性の観点から、本来、所有者等がすべき措置を費用回収の見込みが低い財政的なリスクを負って行政が代執行を決断すること	
公費で私有財産を解体することによって個人の資産形成に資する可能性があること	
公費による対応の適切性	8
個人財産であり、まずは所有者等が管理するものであるため	
全ての空き家を撤去するよう地域から強い要望が出てくる	
他の空家等との公平性	
同種事案との公平性	
空き家と底地の所有者が同一人物である場合、略式代執行で家屋を解体し残った土地が所有者不存在になる。	
権利関係等、空き家問題の根本的な解決に至らない。	
所有者死亡やそれに伴う相続放棄等で、所有権関係が複雑になっていること	5
所有者不存在の確定が困難であること	
登記上の所有者が変更されていない場合、通知先が真に代執行費用を負担すべき人かどうか確認が難しいこと	
債権者への対応	2
抵当権者の事前連絡の際にトラブルが生じる恐れがある	
家財道具等の一定期間の保管を要すること	1
議会の議決を必要としていること	1
行政代執行までの準備にかかる事務対応等が膨大であるため	1
除却以外における代執行内容の正当性	1
訴訟リスクがあるため慎重に判断する必要がある	1
代執行することで、空き家をそのままにしていれば行政が除却してくれると所有者が考えるのではと危惧している。予算がない	1
命令の不履行による過料が、代執行費用の回収を困難とさせている	1
予算措置	1
不明・未定	7
その他	2

付録 「空家法」施行1年後の全国実態調査 集計結果 191

10. 空家等対策計画について

問 42　貴自治体には、現在空家等対策計画（空家法 6 条、以下「計画」といいます。）がありますか。また、これを定める予定がありますか。該当する番号 1 つを選択してください。また、①又は②を選択した場合は、作成（予定）年月も併せて記入してください。

		回答数	割合
①	既に策定されている	58	8.3%
②	具体的に策定予定がある	240	34.2%
③	策定を検討しているが，具体的な作成年月は未定	303	43.2%
④	策定予定はない	95	13.5%
	計	696	

（グラフは 85 頁参照）

①策定年月

2014 年 3 月	1
2015 年 11 月	1
2015 年 12 月	1
2016 年 1 月	1
2016 年 2 月	6
2016 年 3 月	30
2016 年 4 月	5
2016 年 5 月	3
2016 年 6 月	4
2016 年 7 月	2
2016 年 8 月	4
2016 年 9 月	2

②策定予定年月

2016 年 10 月	4
2016 年 11 月	6
2016 年 12 月	9
2017 年	6
2017 年 1 月	5
2017 年 2 月	2
2017 年 3 月	96
2017 年 4 月	9
2017 年 5 月	2
2017 年 6 月	6
2017 年 7 月	1
2017 年 9 月	8
2017 年 10 月	4
2017 年 12 月	3
2018 年	2
2018 年 2 月	2
2018 年 3 月	39
2018 年 4 月	2
2018 年 10 月	1
2019 年 3 月	4

問43　問42において①から③と回答された自治体にお尋ねします。計画を
　　　策定した、又は予定している理由として当てはまるものについて、該
　　　当する番号全てを選択してください。また、その他を選択した場合は、
　　　具体的内容も併せて記入してください。

		回答数
①	自治体として空き家政策を明確にした上でこれを推進できるから	490
②	国土交通省からの通知等により、事実上策定を求められていたため	167
③	計画策定により、補助金の交付を受けるため	298
④	他の自治体において策定しているため	44
⑤	その他	14
（グラフは 86 頁参照）	計	1013

⑤その他

空家法の規定による	2
法が公布・施行され、県において計画策定マニュアル等の指針が出来たため	
県から策定を求められたため	2
町議会からの指摘	
空家法施行前の担当課（防災部局）が平成 27 年度に計画策定する旨の方針を出していたため	2
条例において策定することを規定したため	
実態調査に際して社会資本整備総合交付金の交付を受けるため	2
特別地方交付税交付金の交付を受けるため	
関係局との連携強化	1
計画策定により、空き家問題について広く市民に周知を図れるため	1
検討中・未定	4

問44　問42において④と回答された自治体にお尋ねします。策定予定はな
　　　い理由として、該当する番号全てを選択してください。また、その他
　　　を選択した場合は、具体的内容も併せて記入してください。

		回答数
①	計画策定の必要はあると考えているが、計画策定に係る費用を予算上確保できない	29
②	空き家対策に関する計画を策定する必要は認識しているが，空家法所定の項目に従って計画を立てる必要がないと判断されている	30
③	そもそも計画を策定する必要性がないと判断されている	33
④	その他	17
（グラフは 86 頁参照）	計	109

付録　「空家法」施行1年後の全国実態調査　集計結果　193

④その他

空き家自体があまりない。対策を立てるほどの問題は起きていない	6
空き家の現状把握・分析ができていないため、現時点で必要性が判断できない	
現段階においては、計画の策定の必要性はないと感じている	
小規模自治体で件数が限られているため	
問合せや苦情が少ないため	
本市には空き家の数が少なく、現在のところ空き家対策が課題となっている状況ではありません	
対策計画を作成する体制ができていない	3
人手不足	
防災部署で持っているため、災害対応が優先され、空家対策まで、しばらくは手が回らない	
空き家等対策基本方針（平成26年4月策定）に基づき空き家対策を実施しているため	2
平成27年3月に「空き家対策方針」を策定し、これに基づく施策展開を行っているため	
未定	5
その他	1

11. 空家法に基づく協議会等について

問45　貴自治体において、空家法7条所定の協議会を設置している、あるいは設置の予定がありますか。該当する番号1つを選択してください。また、①又は②を選択した場合は、設置（予定）年月も併せて記入してください。

		回答数	割合
①	設置済み	139	19.8%
②	具体的な設置予定がある	82	11.7%
③	設置を検討しているが，具体的な設置年月は未定	267	38.0%
④	現時点で設置予定はない	210	29.9%
	計	698	

（グラフは87頁参照）

①設置年月

2013年5月	1
2014年1月	1
2014年9月	1
2015年2月	1

②設置予定年月

2016年11月	15
2016年12月	10
2017年	8
2017年1月	10

2015 年 5 月	1
2015 年 7 月	2
2015 年 8 月	4
2015 年 9 月	5
2015 年 10 月	14
2015 年 11 月	7
2015 年 12 月	7
2016 年 1 月	8
2016 年 2 月	5
2016 年 3 月	6
2016 年 4 月	23
2016 年 5 月	10
2016 年 6 月	10
2016 年 7 月	9
2016 年 8 月	8
2016 年 9 月	5
2016 年 10 月	7

2017 年 2 月	5
2017 年 3 月	6
2017 年 4 月	11
2017 年 5 月	3
2017 年 6 月	4
2017 年 7 月	1
2017 年 9 月	2
2018 年 4 月	1

問46 問45において④と回答された自治体にお尋ねします。空家法7条に基づく協議会を設置しない理由として、該当する番号全てを選択してください。また、その他を選択した場合は、具体的内容も併せて記入してください

		回答数
①	そもそも空家等対策計画（空家法6条）の作成予定がない	69
②	空家等対策計画の作成等について，自治体職員のみで行うこととしている	41
③	予算上設置に困難がある	13
④	市町村長の参加が義務付けられている	26
⑤	その他	77

（グラフは88頁参照）　　　　　　　　　　　　　　　　　　計 226

⑤その他

「空き家対策連絡会議」を設置し、その中で民間団体との連携を図っているため
「空き家等対策委員会」の要綱を設置している
空家法上の協議会という形式ではなく、関係部署と連携し、検討部会において意見交換を行っている
空家法所定の協議会は現在ないが、自治体職員で空き家対策について検討する委員会を作成し調整中である
空家法施行前に制定した条例に基づく連絡調整会議があるため
空家等対策計画の作成について、法7条以外の任意の協議会を設置している

付録　「空家法」施行1年後の全国実態調査　集計結果

空家法第7条に基づかない協議会を設置している	
空家法に基づかない審議会を設置しており、対策計画は審議会で審議していただく形での策定を予定しているため	
外部委員で構成される「空家等対策審議会」を組織しているため	
外部機関を入れることで緊急時でも時間を要するため、協議会ではなく、庁内検討委員会とする	
既存の空家等審議会が同様の役割を担えると考えるため	
既存の附属機関を協議会として運用している	
計画作成のために、空家法7条には基づかないが任意の協議会を設置した	
計画策定段階のため、要綱による任意の協議会を設定している	
県が類似団体を組織し、それに加盟しているため	
県居住支援協会に加入、連携しているため	
県単位の協議会に参加	
県で同主旨の会議を設置しており、本市も参加している	
市条例で審議会を設置しているため	
市長を含まない審議会を設置している	40
条例で有識者や専門家からなる会議体を設置しているため	
条例にて、外部有識者等で構成される審議会を設けており、特段協議会を設置する必要性がないため	
条例に基づき協議会と同様のものを設置しているため	
条例に基づく「空き家等対策審議会」を設置しているため	
条例に基づく審議会を設置しているため	
条例に基づく審議会を設置するため	
審議会として設置	
審議会を設置したため	
審議会を設置している	
すでに法や条例の運用について諮問する「空家等対策審査会」（第三者機関）を設置しているため	
設置が義務でないこと。また、別途審議会を設置しているから	
7条に基づかない協議会設置　行政の付属機関としての協議会	
任意の協議会を設置済みであるため	
任意の協議会を設置済みのため	
法施行前より検討委員会を立ち上げており、空家等対策計画を策定してしまったため	
法定外協議会を設置している	
法定協議会以外の組織を設置	
法定協議会ではなく、任意の協議会を設置している。2016/5設置	
法の規定に基づかない委員会を設置し議論した	
有識者を交えた会議で支障がないと考えるため	
議会や住民の意見を聴いた上で計画を作成するため	
協議会という形によらないもので、外部の意見を反映させるため	3
法定協議会でなくとも、有識者意見の聴取や関係団体との連携・協力は可能なため	

空家法制定以前からの事業の連続性の観点から不要と判断している	
協議会設置が空家問題の解決になると思わない	
協議会の必要性を感じていない	5
協議会まで設置する必要がないと考えられた	
必要性を感じられないため	
町内に専門知識を持つものが少なく、自治体職員で判断せざるを得ない	2
予定されている人材を整えることが難しい	
協議会での審議内容に個人情報を含むことから情報流出が懸念されること、利害関係の問題等で外部委員の選定が困難なこと、市長や外部委員の日程調整により迅速な対応が困難となること	1
協議会での審議を経ることにより各種判断の裏付けができるが、業務の増加と判断までの時間が課題であると考えている	1
検討中・未定	25

12. 空家法制定の意義について

問47　空家法施行により加わった事務として、事務量が多いとご担当者において感じるものに、該当する番号の中から順に3つ、選択してください。また、その他を選択した場合は、具体的内容も併せて記入してください。

【第1順位】

		回答数	割合
①	空家等の認定作業	188	26.8%
②	特定空家等の認定作業	82	11.7%
③	空家等対策計画の策定事務	146	20.8%
④	空家法7条所定の協議会あるいはその類似組織の事務局事務	33	4.7%
⑤	空家法に基づく条例の制定作業	19	2.7%
⑥	空家法の趣旨を理解している住民からの相談への対応	45	6.4%
⑦	空家法の趣旨を必ずしも正解していない住民への説明	93	13.2%
⑧	特になし	35	5.0%
⑨	その他	73	10.4%
（グラフは89頁参照）		計　714	

⑨その他（第1順位）

空き家所有者の特定作業（2）
空き家所有者の特定（登記、税情報のないもの）
空家等所有者への対応

付録　「空家法」施行1年後の全国実態調査　集計結果　197

空家等の所有者が不存在である場合の対応	
空き家の所有者・相続人の特定	
空家等の所有者調査（市内全域実態調査含む）	
空き家の所有者の特定	
死亡した所有者名義である不動産の相続人全員の捜索	
所有者・相続者調査	
所有者の確知	23
所有者の特定（3）	
所有者の特定及び連絡先の調査（把握）	
所有者の特定、所有者への連絡	
所有者の特定のための調査、相続人等に関する調査	
所有者調査（法定相続人等）	
所有者等の特定作業	
所有者特定作業	
所有者又は管理者の所在調査	
相続人の特定作業	
特定空家等の所有者等調査	
空家等に関する苦情に係る現地調査	
空家等の苦情対応	
空き家に関する苦情や相談件数の増加及びその対応。メディアでの取り扱いが増えたことが原因と思われるが、施行前と比べ2倍程度となっている	
空家法の適用とはならないような軽微な相談、対応	
危険空き家に対する苦情対応	
苦情・相談リストの更新、管理	11
市民からの空家等の苦情対応	
市民からの空き家に関する相談、問合せ、苦情処理の対応	
草木の越境等、軽微な内容の苦情に対する現地調査等の対応	
特定空家等に当たらないと思われる物件に対する苦情（特に雑草の繁茂）に対する対応	
法律の趣旨は理解していなくても、空き家の近隣者から切実な相談が寄せられている	
空き家に関する調査（所有者調査、意向調査など）	
空き家の実態調査	
空き家の実態調査の実施	
空き家の実態調査の事務	6
今年度空き家等実態調査業務を実施しているため	
実態調査及びデータベース化	
空き家実態の調査確認及び措置に係る個別対応	
空き家の所有者・相続人調査、所有者等への通知及び個々のケースへの対応（相談・協議等）	
空き家の所有者調査（特に相続が絡むもの）、特定空家等に対する措置	7
空き家への苦情対応と、その空家の所有者等への適正管理の指導	

市に通報される問題のある空き家への指導・助言及び所有者（相続人）の特定作業	
住民からの相談に対する現地調査、所有者等の確認及び働きかけ等の継続対応	
特定空家等の所有者調査及び所有者に対する指導等	
空き家所有者に対する継続的な助言・指導等	1
空き家対策に係る制度設計など、管理がされない空き家への対応（現場確認含む）	1
空き家対策の方向性の検討	1
新たな業務	1
関係各課との協議	1
庁内連係組織の事務局事務、空家法に関連する各自治体への調査事務、研修会	1
特定空家等の認定後の作業	1
法第 14 条の事務	1
不明・未定	11
その他	2

【第 2 順位】

		回答数	割合
①	空家等の認定作業	89	12.7%
②	特定空家等の認定作業	132	18.8%
③	空家等対策計画の策定事務	107	15.2%
④	空家法 7 条所定の協議会あるいはその類似組織の事務局事務	86	12.3%
⑤	空家法に基づく条例の制定作業	33	4.7%
⑥	空家法の趣旨を理解している住民からの相談への対応	62	8.8%
⑦	空家法の趣旨を必ずしも正解していない住民への説明	86	12.3%
⑧	特になし	9	1.3%
⑨	その他	11	1.6%
	計	615	

（グラフは 89 頁参照）

⑨その他（第 2 順位）

所有者の特定作業	
所有者の特定、連絡等	3
所有者（法定相続人）の確定	
空き家苦情処理	
住民からの相談全般	3
特定空家等に該当するか否かにかかわらず、空家等全般に関する苦情対応	
空き家減少、空き家を発生させないための独自施策に係る事務	1
空き家所有者を特定して連絡を取り、状況を説明して対応を依頼するまでの一連の事務作業	1
空家等への措置、対応	1
実態調査業務（全件調査）を遂行中であるため、現時点で具体的に回答できません	1
特措法の対応状況等に関する国、各種団体からの照会対応	1

付録 「空家法」施行 1 年後の全国実態調査 集計結果

【第3順位】

		回答数	割合
①	空家等の認定作業	64	9.1%
②	特定空家等の認定作業	81	11.5%
③	空家等対策計画の策定事務	107	15.2%
④	空家法7条所定の協議会あるいはその類似組織の事務局事務	99	14.1%
⑤	空家法に基づく条例の制定作業	35	5.0%
⑥	空家法の趣旨を理解している住民からの相談への対応	52	7.4%
⑦	空家法の趣旨を必ずしも正解していない住民への説明	100	14.2%
⑧	特になし	12	1.7%
⑨	その他	14	2.0%
	計	564	

（グラフは 90 頁参照）

⑨その他（第3順位）

所有者特定	
所有者の特定	3
所有者や相続人の特定作業	
空き家の苦情への対応	2
市民からの苦情対応	
空き家所有者への適正な管理のお願い等の連絡	1
空き家対策システム等を売り込みにくる業者の対応	1
空き家登録制度の立ち上げ	1
空き家の発生抑制に関する税制特例など、事前に十分な情報提供もなく急に創設された制度への対応	1
空き家の利活用	1
国や関係団体によるアンケート調査、空き家利活用事業を興したい業者等の営業対応	1
他業務に手を取られて計画が立てられない	1

⑨その他（順位記載なし）

空き家施行について現在検討中のため、具体的な特定の事務はしていない	1
データベース整備作業	1

問48　貴自治体における空き家をめぐる実情及び対応の状況に照らして、空家法は必要だったといえるでしょうか。該当する番号1つを選択してください。

		回答数	割合
①	必要であった	420	59.8%
②	必ずしも必要ではなかった	263	37.5%
③	全く必要なかった	10	1.4%
	計	693	

（グラフは 91 頁参照）

13. 空き家対策についての第三者との
連携、支援体制について

問 49　空家法の施行について、国に対してどのような支援を期待していますか。該当する番号全てを選択してください。また、その他を選択した場合は、具体的内容も併せて記入してください。

		回答数
①	財政的支援	573
②	相続人のいない財産の国庫帰属に関する関連民事法の整備	524
③	不在者財産管理人、相続財産管理人の申立てに関する関連民事法の整備	478
④	全国の自治体の事案集積及び情報提供	382
⑤	その他	49
⑥	特に支援を期待していない	10
（グラフは 93 頁参照）	計	2016

⑤その他

内容	数
空家等以外の問題案件への法整備（周辺への悪影響、同様な案件に対する法的公平性の確保）	1
空家等、特定空家等の明確な認定基準の作成	1
空家と特定するための国勢調査の情報利用	1
空家法では解決できない相隣問題に関する民法の整理	1
空き家流通に関する民間部門へのインセンティブ	1
①の財政支援において、利活用を求めない除却のみの補助	1
固定資産税の特例	1
根本的な空き家の発生抑制に資する（例えば、建物を使用しないことに対する）税制改正	1
再建築が不可の物件に関する関連法の整備	1
市に対し、ペーパー的な支援も大切であると考えるが、民間活力を利用した人的支援等できないものか	1
所有者特定に関する関連法の整備	1
新築時に予め解体費を徴収する税制度など所有者自らに必ず解体させる制度設立、空家の管理を逃れるためだけの期間後相続放棄をさせない制度の設立	1
新築住宅が自動車リサイクルのように資源循環する制度設計	1
人的支援、人材育成、代執行前の空き家所有者の財産調査の法整備	1
市街化調整区域における空き家活用の選択肢の拡大	1
市民（国民）への啓蒙不足（過度な税負担による除却等への期待感）	1
除却費用の支援	1

付録　「空家法」施行 1 年後の全国実態調査　集計結果　201

諸規制により住宅用地としての価値のない宅地への賦課の見直し	1
税制整備による空き家の除去の指導	1
税の特別措置に関する取扱い	1
相続税及び空き家利用する（した）場合等の税緩和措置等	1
相続税制、相続登記等の相続に関する法整備	1
相続登記等、土地・家屋の所有者を明確とし、管理義務を負う制度整備	1
相続登記に係る啓発	1
相続登記の推進（困難事例への対処）及び手続の簡略化	1
相続放棄、管理者不在物件等の国による収用	1
相談窓口	1
相隣関係の民法の改正	1
行政代執行後の相手への債権請求を強制執行できるようにしてほしい	1
緊急を要する危険空き家への対応（緊急の修繕対応など）	1
現状に合った規制緩和等	1
建築基準法の再建築等空き家問題の起因となる制度の改正や規制緩和	1
個人財産を地方公共団体に処理させるのであれば、民事・刑事上強力な執行権を付与されたい。後に所有者よりその対応と処置をめぐり、訴えられたら割に合わない	1
他法令との調整	1
中小規模の市町村では、専門性の高いこの業務は対応が難しいので、広域組織を作ってもらいたい。	1
抵当権を設定している金融公庫への情報照会手続きの整備、抵当権の抹消等	1
特定空家対策に特化しないための、住宅施策としての推進	1
土地・建物所有者が異なるとき、土地の所有者へも管理責任が及ぶように民法改正を	1
長屋住宅を含む法整備	1
②に関連し、諸事情を勘案して国庫ではなく自治体へ帰属させることが可能となるような関連民事法の整備	1
抜け道のない改正及び、国県の責任の強化（実質的に市町村に押し付けている状態になっている）	1
袋小路にある空き家や接道がなく再建築できないような空き家など、一般的に売却できないような物件について、隣接の所有者が取得できるような補助制度の新設を望みます	1
不動産登記法の改正（所有者が変わった際に、不動産の登記が更新されていない場合があることへの対応）	1
不動産登記法の強化（建物登記等の義務化など）	1
民法の相続に関する規定の改正による相続手続きの実行性担保、固定資産税の住宅用地特例の適正運用のための指針・ガイドライン等の策定	1
もっとも重要な財政的負担を市町村に押し付けるだけの現行法では今後の推進は円滑にいかない	1
略式代執行や費用回収が見込めない代執行についての全般的な支援	1
その他	2

問50 空家法の施行について、都道府県に対してどのような支援を期待していますか。該当する番号1つを選択してください。また、その他を選択した場合は、具体的内容も併せて記入してください。

		回答数	割合
①	財政的支援	308	43.9%
②	建築専門家の紹介・派遣等の人的支援	126	17.9%
③	都道府県内の各自治体の事案集積及び情報提供	223	31.8%
④	その他	31	4.4%
⑤	特に支援を期待していない	16	2.3%
	計	704	

（グラフは93頁参照）

④その他

空き家以外の危険家屋を建築主事が空き家と同等に指導してほしい	1
空家等対策推進に向けての市町村に対する適切な指導、助言	1
空家特措法等に関する高い知識と専門性	1
空家法指導対象の空き家について、建築基準法等ほか法による指導等を行うこと	1
空家法、租税特別措置法の運用に関する国への確認	1
空家法の適用されない空き家を建築基準法を用いての指導	1
基礎自治体（市町村）事務とされているが、指導・助言・情報提供にとどまらず、府内統一基準の提示や財政支援を具体化されたい	1
国に同じ（もっとも重要な財政的負担を市町村に押し付けるだけの現行法では今後の推進は円滑にいかない）	1
建築基準法の再建築等空き家問題の起因となる制度の改正や規制緩和に向けた国への働きかけ	1
県では県内市町村と県が合同で特定空家の判断基準を制定した。近隣他市で判定基準に差が出ないように統一した基準の策定を求めたい	1
財政基盤が弱く、人的余裕もない市町村に本業務を押しつけているのが「空家法」。県で全て対応されたい	1
財政支援、人的支援、空き家所有者へ助言、指導	1
自治体間の連携	1
上級官庁として実務での問題について、本質を理解してもらえる良き相談相手	1
除却費用の支援	1
所有者追跡等における自治体間連携の主導	1
税制に関する知識の養成のためのセミナー	1
相続人等が特定できない場合の対応における専門家の派遣等の人的支援	1
代執行など、専門的な人材育成のための研修開催など	1
中小規模の市町村では、専門性の高いこの業務は対応が難しいので、広域組織を作ってもらいたい	1
町村レベルで地区をまとめた特定空家の判定制度化	1
特定空家等認定基準や措置手順などの標準	1

特定空家認定時において、県内の認定基準を一律にするために各市等の協議会等への職員の参加	1
都道府県内に限らない各自治体の事案収集及び情報提供（事案に対する措置等の手続きを含む）	1
都独自のガイドラインの制定	1
取りまとめ、意見集約し国へ要望を上げる	1
入手しにくい情報（特に県外等）の収集、提供	1
法律、不動産関係者からの協力体制の確立や法律の運用に関する基準・マニュアル等の作成	1
補助金等について、空家等対策計画が策定されていない場合でも柔軟に活用できるよう、対応していただきたい	1
その他	2

問51　空き家対策について、弁護士又は弁護士会が関与する意義があると考えられる分野がありましたら、該当する番号全てを選択してください。また、その他を選択した場合は、具体的内容も併せて記入してください。

回答数

		回答数
①	空家等対策計画の策定	187
②	空家法7条所定の協議会又は類似組織への参加	436
③	空き家対策条例制定に対する支援	129
④	財産管理人選任申立て等の民事手続のサポート	584
⑤	弁護士・弁護士会の関与が適当と考えられる分野はない	14
⑥	その他	55

（グラフは94頁参照）　　　　　　　　　　　　　計　1405

⑥その他

空き家所有者の特定作業	
空家等になる前の相続家屋に対する所有者の把握の支援	
所有者調査	
相続人確定作業	
相続人の確定についてのサポート	8
相続人の特定への助言	
弁護士法23条の2に基づく照会等、所有者調査に関する協力支援	
放置空き家権利者の調査（困難事案）	
空き家が引き起こす所有者や近隣住民とのトラブルの解決	1
空き家指導に関する法律の相談	1
空き家所有者に対する相談・情報提供	1
空き家対策全般の法律専門家のサポート（法律相談等）	1
空き家適正管理における所有者及び苦情者の相談	1

空家等、特定空家等の認定　行政指導（勧告、命令など）の手続き等の進め方	1
空家等の発生抑制や問題解決に向けた法整備に関する国への働きかけ	1
企業や複数の相続人がいる空家等の対策への知的サポート。空家等対策に関連して発生する法律問題に対するサポート	1
行政処分等の実施に向けての助言	1
行政代執行等への助言	1
行政代執行に関する命令の内容、残存有価物の処分、換価における折衝などのコンサルティング	1
契約書がない（または明記されていない）場合の建物と土地の所有者が違う場合で庭などの管理者についての判断等	1
個人財産への行政介入に関する法的な意見	1
財産の権利関係等の法律相談	1
自治体職員及び住民からの法律相談対応（空家対策は多くの法律が絡んでいるため）	1
自治体の弁護士相談	1
指導、勧告、命令及び行政代執行を行う際の助言	1
市民からの相談の対応	1
市民への広報	1
所有者からの相談等に関する相談	1
所有者とトラブルとなった場合のアドバイス	1
所有者や相続人等の相談窓口	1
所有者調査、権利関係の整理についての相談	1
所有者等の権利関係が複雑な場合等、個別事例の相談	1
施策（相談会等）のサポート	1
相続手続きを行えない又は、行わない方への相談	1
相続問題を抱える空き家所有者への相談対応	1
相隣問題を含む空家等に関する法的解決の手助け	1
措置に対する所有者等から異議申立てがあった場合などの相談	1
対応困難な空家等への相談	1
代執行後の費用の回収に対する支援、空家相談窓口での連携	1
代執行、代執行費用の回収、市民からの空き家に関する相談対応	1
地方公共団体が気軽に相談出来る窓口整備等	1
特措法適用に際し、適用される空き家の状態と裁判所の裁量の程度の情報等	1
特定空家認定から指導助言、勧告、命令、行政執行に至る事務手続きへの支援	1
幅広い相談業務	1
複雑な相続に関する相談	1
法的知識の少ない空き家所有者、空き家の周辺住民等への相談業務	1
ボランティア	1
民事上の争いにおける相談業務、施策・事業に関する法的判断	1
問題解決への糸口が相談できる協力体制	1
不明	5
その他	1

問52 貴自治体の空き家対策において、まちづくりに関する啓発活動・相談活動等を行うまちづくりセンター、あるいは空き家バンク等の第三セクターの活用は検討していますか。該当する番号1つを選択してください。

		回答数	割合
①	既に活用している	69	9.8%
②	今後必要と考えており、活用方法を検討中	19	2.7%
③	今後必要と考えているが、活用方法については未検討	335	47.7%
④	そのような体制は不要と判断されている	75	10.7%
⑤	活用の必要性そのものについて検討をしている	194	27.6%
	計	692	

（グラフは95頁参照）

問53 問52において①又は②と回答された自治体にお尋ねします。具体的に活用している、あるいは活用を検討している組織の名称をお答えください（複数回答可。組織が複数ある場合は、回答欄中に全角カンマ「,」で区切ってご回答をお願いします）。

問54 貴自治体あるいはその周辺に空き家問題を取り扱っているNPOなどの組織の存在を把握していますか。該当する番号1つを選択してください。

		回答数	割合
①	存在を把握している	202	28.8%
②	存在は把握していない	490	69.8%
	計	692	

（グラフは95頁参照）

問55 貴自治体において、自治会と連携して空き家対策を行っていますか。行っている場合、どのような分野で連携をしていますか。該当する番号全てを選択してください。また、その他を選択した場合は、具体的内容も併せて記入してください。

		回答数
①	空家等・特定空家等に関する情報提供	362
②	空き家等の見回り等	57
③	その他	47
④	特段の連携はしていない	286
	計	752

（グラフは96頁参照）

206

③その他

空家実態調査	
空家状況調査の実施（H27）	
空家等の基礎調査	
空家等の実態調査	
空家等の実態調査（区域設定）	9
空き家のアンケート調査	
空き家の実態調査（2）	
アンケート、実態調査協力	
空き家情報収集	
自治会単位による空き家の把握作業	
自治会ではないが、防災推進委員（地域住民）から「空家のおそれのある物件」や「空き家のおそれがあるかは問わず、管理不全の物件」について情報提供をいただいている	4
住民からの相談を聞き取り、市へ伝えてもらっている	
空き家の利活用（2）	
住み替え住宅バンク	
利活用	5
利活用できる空き家の登録への推進及び移住促進業務	
空き家活用推進協議会を通じて、一部の自治会と連携し、地域ぐるみでの空き家対策の検討を行っている	
空家等対策協議会委員	
空家等対策協議会への参加	5
地域住民代表として協議会に参加していただいている	
法7条に基づく協議会の構成員となっている	
空き家セミナー等に関する情報提供	
危険な空き家の未然防止を目的に開催するセミナー、個別相談会の周知	3
セミナー及び相談会の実施	
空き家対策を行う地域に対して、コーディネーターの紹介や活動資金の補助などの支援を行っている	1
空き家に関する勉強会への出席	1
各分野で連携しており、今後空き家関連でも連携は可能と考える	1
所有者の特定情報の収集。話し合いの場の一部仲介	1
地域における空き家の発生抑制や活用に向けた調査・研究等	1
町内会、自治会等が自ら主体となり、管理不全な空き家について必要な措置を行う場合において、市に対して協力要請があったときは、市の所有車両による運搬等その他できうる範囲内において協力することができる	1
特定空家等を自治会に買い取っていただき、補助金を使って除却していただいた	1
老朽化の著しい空き家の応急処置	1
検討中・未定	11
その他	2

問56 貴自治体において、空家法7条に定める協議会又は類似の庁内組織
　　　とは別に、空き家対策について地元業者や専門家（弁護士、司法書士、
　　　建築士、不動産業者等）との連携体制を整備し、又は連携を検討してい
　　　ますか。該当する番号1つを選択してください。

		回答数	割合
①	既に地元業者や専門家との連携体制ができている	59	8.4%
②	現在、地元業者や専門家との連携体制を作りつつある	61	8.7%
③	連携体制は必要と考えられており、今後体制整備を進める予定がある	172	24.5%
④	そのような体制は不要と判断されている	49	7.0%
⑤	連携体制整備の必要性について検討している段階である	347	49.4%
	計	688	

（グラフは 97 頁参照）

【執筆者略歴】

北村 喜宣（きたむら　よしのぶ）

上智大学法学部教授

1983年、神戸大学法学部卒業。神戸大学大学院法学研究科博士課程前期課程、カリフォルニア大学バークレイ校大学院「法と社会政策」研究科修士課程修了。1991年、神戸大学法学博士。2012～2017年、上智大学法科大学院教授。2014～2016年、上智大学法科大学院長。2001～2012、2017年～現在、上智大学法学部教授。2004～2017年、放送大学客員教授。2006年～2015年、司法試験考査委員（環境法）。

渡邉 義孝（わたなべ　よしたか）

ＮＰＯ法人尾道空き家再生プロジェクト理事、一級建築士

千葉県立船橋高校卒。型枠大工、保線工などを経て鈴木喜一建築計画工房に入所。2004年、「風組・渡邉設計室」を設立。専門は住宅設計・文化財調査・民家再生など。ＮＰＯの空き家バンク担当理事として、まちあるきや空き家改修の活動にも参加。著書に『セルフビルド～家をつくる自由』旅行人（共著）など。

伊藤 義文（いとう　よしふみ）

弁護士・千葉県弁護士会所属

1996年、千葉県入庁。2000年、弁護士登録。千葉県行政改革審議会委員、印西市個人情報・情報公開審査会会長、日弁連法律サービス展開本部自治体等連携センター委員。

田處 博之（たどころ　ひろゆき）

札幌学院大学法学部教授

1985年、早稲田大学法学部卒業。1993年、早稲田大学大学院法学研究科博士後期課程満期退学。早稲田大学修士（法学）。

小島 延夫（こじま　のぶお）

弁護士・東京弁護士会所属

1982年、早稲田大学卒業、1984年、弁護士登録。日弁連公害対策・環境保全委員会委員（2014～2016年委員長）、東京弁護士会公害・環境特別委員会委員（2000～2002年委員長）、早稲田大学大学院法務研究科教授（2004～2009年、2014年～）、文化庁ＮＰＯ等による文化財建造物の管理活用推進委員会委員（～2015年）、（一社）川越織物市場の会代表理事。

幸田 雅治（こうだ　まさはる）

弁護士・第二東京弁護士会所属

1979年、自治省入省。内閣官房内閣審議官、自治省大臣官房国際室長、総務省自治行政局行政課長、総務省消防庁国民保護・防災部長、中央大学大学院公共政策研究科教授等を経て、現在は神奈川大学法学部教授。2013年、弁護士登録。日弁連では、法律サービス展開本部自治体等連携センター条例部会長、公害対策・環境保全委員会委員等。

深刻化する「空き家」問題
――全国実態調査からみた現状と対策

2018 年 3 月 22 日　初版第 1 刷発行

編　者　日本弁護士連合会 法律サービス展開本部
　　　　自治体等連携センター

　　　　日本弁護士連合会 公害対策・環境保全委員会

発行者　大　江　道　雅
発行所　株式会社　明石書店
　　　　〒 101-0021　東京都千代田区外神田 6-9-5
　　　　電　話 03（5818）1171
　　　　FAX 03（5818）1174
　　　　振　替　00100-7-24505
　　　　http://www.akashi.co.jp

編集／組版　本郷書房
装　　丁　明石書店デザイン室
印刷・製本　日経印刷株式会社

（定価はカバーに表示してあります）　　　　ISBN978-4-7503-4650-2

JCOPY 〈（社）出版者著作権管理機構　委託出版物〉
本書の無断複写は著作権法上での例外を除き禁じられています。複写される場合
は、そのつど事前に、（社）出版者著作権管理機構（電話 03-3513-6969、FAX
03-3513-6979、e-mail: info@jcopy.or.jp）の許諾を得てください。

子どもの虐待防止・法的実務マニュアル【第6版】

日本弁護士連合会子どもの権利委員会 編

▉B5判/並製/368頁 ◎3000円

2016年に大幅に改正された児童福祉法と2017年のいわゆる28条審判における家庭裁判所の関与拡大に対応した待望の第6版。法律家だけでなく、児童相談所や市町村児童家庭相談窓口、NPO関係者等、子どもの虐待防止に取り組むすべての専門家の必携書。

● 内容構成 ●

第1章 児童虐待アウトライン
第2章 虐待防止と民事上の対応
第3章 児童福祉行政機関による法的手続
第4章 ケースから学ぶ法的対応
第5章 児童虐待と機関連携
第6章 児童虐待と刑事事件
第7章 その他の諸問題
書式集

はじめに～第6版刊行にあたって～
（日本弁護士連合会子どもの権利委員会委員長：須納瀬学）

子どもの権利ガイドブック【第2版】

日本弁護士連合会子どもの権利委員会 編著

▉A5判/並製/576頁 ◎3600円

子どもの権利について網羅した唯一のガイドブック。教育基本法、少年法、児童福祉法、児童虐待防止法等の法改正、さらに、新しく制定されたいじめ防止対策推進法にも対応した待望の第2版。専門家、支援者だけでなく、子どもに関わるすべての人のために──。

子どもの権利に関する基本的な考え方

各論

1 いじめ／2 不登校／3 学校における懲戒処分／4 体罰・暴力／5 学校事故（学校災害）スポーツ災害／6 教育情報の公開・開示／7 障害のある子どもの権利──学校生活をめぐって／8 児童虐待／9 少年事件（捜査・審判・公判）／10 犯罪被害を受けた子ども／11 社会的養護と子どもの権利／12 少年院・少年刑務所と子どもの権利／13 外国人の子どもの権利／14 子どもの貧困

● 内容構成 ●

資料

〈価格は本体価格です〉